Paul Mupfiga
Margaret Mupfiga
Tinashe Gwendolyn Zhou

Melhorar o ensino e a aprendizagem através da utilização de tecnologias móveis

Paul Mupfiga
Margaret Mupfiga
Tinashe Gwendolyn Zhou

Melhorar o ensino e a aprendizagem através da utilização de tecnologias móveis

ScienciaScripts

Imprint

Any brand names and product names mentioned in this book are subject to trademark, brand or patent protection and are trademarks or registered trademarks of their respective holders. The use of brand names, product names, common names, trade names, product descriptions etc. even without a particular marking in this work is in no way to be construed to mean that such names may be regarded as unrestricted in respect of trademark and brand protection legislation and could thus be used by anyone.

Cover image: www.ingimage.com

This book is a translation from the original published under ISBN 978-620-2-05574-1.

Publisher:
Sciencia Scripts
is a trademark of
Dodo Books Indian Ocean Ltd. and OmniScriptum S.R.L publishing group

120 High Road, East Finchley, London, N2 9ED, United Kingdom
Str. Armeneasca 28/1, office 1, Chisinau MD-2012, Republic of Moldova, Europe
Printed at: see last page
ISBN: 978-620-7-92997-9

Índice:

CAPÍTULO 1
INTRODUÇÃO

1.1 INTRODUÇÃO

Na última década, os computadores foram adoptados nas salas de aula a partir do mundo empresarial. O sector da educação está a transformar-se diariamente devido à adoção das tecnologias de informação e comunicação e da computação móvel nos currículos de aprendizagem. O avanço da tecnologia está a tornar o sector da educação mais organizado e os sistemas estão a transformar-se para melhor. Os telemóveis já não são apenas telefones para fazer chamadas e enviar mensagens de texto, mas são utilizados para enviar mensagens de correio eletrónico, ouvir música, jogar jogos e para entretenimento. O ritmo a que a posse de telemóveis está a aumentar é a prova de como a computação móvel está a tornar-se parte da nossa vida quotidiana. A posse de telemóveis também está a aumentar nos campus universitários. Em 2013, assistiu-se a um aumento da adoção de tablets, computadores portáteis e notebooks e a um aumento contínuo da posse de smartphones, mesmo nos campus da Midlands State University. De acordo com um estudo da revista popular vol23 (2013), a posse de smartphones na África Austral aumentou 33% entre 2012 e 2013 e espera-se que esse número aumente para 67% em 2014. O número de aplicações nas tecnologias móveis também está a aumentar continuamente, o que exige novas formas de fazer as coisas. A Universidade Estatal de Midlands está a adotar novas tecnologias também no seu processo de registo, no pagamento de propinas, nos sistemas de entrada nos locais de exame, bem como nos bilhetes de identidade com banda magnética, entre outros.

O ensino através de dispositivos móveis oferece uma mobilidade que não é possível com computadores de secretária. As tecnologias móveis têm funções que proporcionam oportunidades de ensino e aprendizagem que as ligações com fios não podem fazer. Estas oportunidades conduzirão a muitas utilizações novas e interessantes dos dispositivos móveis que podem ser aproveitadas. As tecnologias de comunicação móvel incluem as ligações locais sem fios WiFi, as comunicações móveis 3G e 4G que permitem o acesso à Internet nos telemóveis, o serviço geral de rádio por pacotes GPRS, o Bluetooth, uma tecnologia de comunicação sem fios de curto alcance, e a Interoperabilidade Mundial para o Acesso às Micro-ondas (WiMAX). Existem também dispositivos informáticos móveis conexos, como os tablets, os telemóveis inteligentes, os PC de bolso, os leitores de MP3, os computadores portáteis e vários dispositivos portáteis.

1.2 CONTEXTO DO ESTUDO

De acordo com Chitanana et al (2008), muitas universidades começaram a utilizar sistemas de tecnologias da informação e da comunicação para fornecer conteúdos aos estudantes. As universidades estão a investir mais em tecnologias de informação e comunicação para processos administrativos, currículos de aprendizagem e fins de ensino. Com base nos desenvolvimentos tecnológicos nas instituições terciárias, o investigador observou que existe uma enorme dependência e dependência dos serviços de TI. A maior parte dos processos administrativos são agora realizados através de sistemas informáticos, já não são feitos manualmente e estão a ser adoptadas novas formas de ensino e aprendizagem.

De acordo com Chitanana, et al (2008), as universidades públicas do Zimbabué estão agora a adotar as tecnologias da informação e a maioria delas informatizou as suas funções e processos administrativos, tais como os métodos de aprendizagem, o processo de registo, os registos dos estudantes e os registos dos funcionários. Existe um movimento no sector da educação para a utilização das tecnologias na aprendizagem. As instituições terciárias estão a adotar a aprendizagem eletrónica, que é referida como a utilização de meios electrónicos na educação. Com a aprendizagem eletrónica, há uma melhor interação entre estudantes e professores.

Atualmente, os campus estão cheios de estudantes com telemóveis, tablets e computadores portáteis. Os alunos utilizam estes dispositivos para navegar na Internet, atualizar sites de redes sociais ou descarregar música e vídeos. O mundo está a evoluir devido às tecnologias móveis e tudo está a tornar-se informatizado, pelo que é necessário encontrar formas de utilizar esta tecnologia na sala de aula.

De acordo com Challis (2005), a Web móvel tem muitas oportunidades que precisam de ser aproveitadas. Não se trata apenas de uma extensão do ambiente de trabalho, mas existem muitas oportunidades que lhe estão associadas e que só são limitadas pela nossa capacidade de inovação. É necessário começar a compreender como as tecnologias móveis podem ser utilizadas e como podem ser utilizadas na educação e como explorar as oportunidades que surgem com a sua adoção. A utilização de tecnologias móveis na sala de aula implica a adoção de novas formas de ensino e aprendizagem. A Universidade Estatal de Midlands foi criada no ano 2000. Até à data, a universidade tem 7 faculdades: Artes, Comércio, Educação, Direito, Gestão de Recursos Naturais e Agricultura, Ciência e Tecnologia e Ciências Sociais. A faculdade de Medicina será introduzida em breve, estando os preparativos em curso. A visão da universidade é a de ser uma universidade única, orientada para o desenvolvimento, que estabelece o ritmo e é dirigida pelas partes interessadas e que produz licenciados inovadores e empreendedores. O objetivo final da MSU é ter uma universidade estabelecida com dez faculdades até ao ano 2015. A universidade está empenhada na utilização das tecnologias da informação e da comunicação e de salas de aula virtuais no ensino, na prestação de serviços e na investigação, o que levou a universidade a investir em tecnologia nos últimos anos. A universidade dispõe agora de um sistema de registo em linha, de votação em linha para o comité representativo dos estudantes, utiliza sistemas de passagem nos locais de exame e na compra de alimentos nos refeitórios. O sistema de pastelaria das bolsas de estudo da universidade está agora ligado aos sistemas bancários; assim que os estudantes depositam dinheiro, as suas contas são automaticamente actualizadas. Estas são apenas algumas das actualizações de sistemas na MSU.

1.3 DECLARAÇÃO DO PROBLEMA

A aprendizagem móvel centra-se no aluno e nas capacidades de computação móvel que permitem a aprendizagem em qualquer altura e em qualquer lugar. Os dispositivos móveis têm o potencial de fazer uma enorme diferença na qualidade da educação quando são totalmente integrados nos processos de ensino e aprendizagem. Este documento examina a forma como as tecnologias móveis podem ser utilizadas para melhorar as práticas de ensino e aprendizagem e analisa as oportunidades apresentadas pela utilização de dispositivos móveis nas instituições terciárias do Zimbabué. Muito trabalho tem sido feito sobre a adoção de tecnologias móveis no sector da educação, mas ainda nada foi feito nas instituições terciárias do Zimbabué.

De acordo com Chitanana, et al (2008), as universidades do Zimbabué estão a investir em tecnologia para fins administrativos, mas não estão a investir em tecnologia para o ensino e a aprendizagem. Por conseguinte, é necessário determinar as oportunidades apresentadas pela aprendizagem móvel para melhorar o ensino e a aprendizagem. É necessário explorar a forma como as tecnologias móveis estão a ser utilizadas nas instituições terciárias do Zimbabué e estabelecer os desafios enfrentados na adoção da aprendizagem móvel. Um estudo efectuado pela UNESCO observou que as tecnologias de informação e comunicação não são suficientemente exploradas para permitir mudanças na forma de comunicação e de ensino nas escolas. É necessário que os professores alterem as suas funções e o seu modo de trabalho e o investigador analisou as formas de o fazer à medida que as tecnologias móveis são incorporadas no ensino e na aprendizagem. O investigador examinou a forma como as tecnologias móveis e o telemóvel em particular estão a ser utilizados para apoiar e gerir a aprendizagem e centrou a investigação na Universidade Estatal de Midlands, uma vez que é a universidade que marca o ritmo no Zimbabué.

1.4 DEFINIÇÃO DE TERMOS-CHAVE
1.4.1 TECNOLOGIAS MÓVEIS

Móvel significa portátil ou amovível. Significa ser capaz de se deslocar fácil e livremente de um ponto para outro Wentzel et al (2005). As tecnologias móveis são dispositivos que dispõem de uma ligação de rede sem fios que permite aos utilizadores enviar mensagens de texto, fazer chamadas de voz e executar aplicações (Sharon 2001). Os dispositivos de tecnologia móvel incluem assistentes pessoais digitais (PDA), computadores portáteis, netbooks, palmtops, telefones inteligentes, leitores de MP3, tablet PC e consolas de jogos Wentzel et al (2005).

As tecnologias móveis são dispositivos que permitem que as pessoas tenham acesso a dados ou a qualquer informação a partir de qualquer local, sem restrições geográficas. Estes dispositivos incluem telemóveis inteligentes e dispositivos portáteis como Tablet PCs (Keegan 2005). Para efeitos da presente investigação, foi adoptada a definição de Keegan.

1.4.2 APRENDIZAGEM ELECTRÓNICA

A aprendizagem eletrónica é definida como a utilização das tecnologias de informação e comunicação no sector da educação (Kukulska&Traxler 2005). Com a aprendizagem eletrónica, os aprendentes utilizam os computadores para aprender algo, seja uma tarefa, um processo ou uma competência. Envolve a aprendizagem em linha e a formação baseada na Web. Os professores podem carregar material de aprendizagem para os alunos e estes podem aceder-lhe desde que estejam ligados à rede. Quando as actividades de aprendizagem e de ensino são combinadas e implementadas através de diferentes meios electrónicos, é designada por aprendizagem eletrónica e pode ser realizada em linha ou fora de linha (Chitanana et al 2008). Para efeitos da presente investigação, foi adoptada a definição de Kukulska e Traxler.

1.5 REVISÃO DA LITERATURA
Introdução

O investigador avaliou artigos e livros sobre o tema da investigação, de modo a compreender melhor o assunto e a definir objectivos sólidos para esta investigação. A literatura também teve de ser revista para que o investigador pudesse identificar a lacuna de investigação e elaborar um estudo relevante.

1.5.1 O QUE É O MLEARNING?

A utilização de tecnologias móveis para a aprendizagem é designada por aprendizagem móvel. Dois aspectos importantes da aprendizagem móvel são a ubiquidade e a mobilidade. A computação ubíqua é o acesso a tecnologias informáticas sempre e onde quer que sejam necessárias, enquanto a mobilidade é a aprendizagem em movimento. A aprendizagem móvel implica a utilização de dispositivos portáteis e, para a conetividade, a aprendizagem móvel utiliza redes nacionais ou internacionais, por exemplo, GSM e GPRS (Wentzel et al., 2005).

Quinn (2000) descreveu o mlearning como a aprendizagem que tem lugar com a ajuda de dispositivos móveis, ou a intersecção da computação móvel e da aprendizagem eletrónica. Quinn prossegue dizendo que é a aplicação de dispositivos de computação e comunicação pequenos, portáteis e sem fios ao sistema de aprendizagem. Quinn também apoia a opinião de outros investigadores de que o mlearning tem a ver com a aprendizagem em qualquer lugar e a qualquer hora e que os recursos devem estar acessíveis sem restrições geográficas.

1.5.2 VANTAGENS DO MLEARNING

O Mlearning pode ter contributos positivos de várias formas. Ajuda os alunos a melhorar as suas competências de literacia e numeracia, bem como a identificar as suas capacidades em diferentes áreas. Os alunos são capazes de identificar onde estão atrasados e onde precisam de ajuda no seu trabalho académico. A resistência à adoção da utilização das TIC pode ser eliminada, uma vez que todos estão agora a adaptar-se à utilização de telemóveis, o que também pode resultar em níveis mais elevados de literacia em TIC (Attewell2005).

1.5.3 ADOPÇÃO DO MLEARNING

Em África, a utilização dos telemóveis foi generalizada entre 2006 e 2011 e, no final de 2012, havia uma estimativa de 735 milhões de assinantes. Estes desenvolvimentos provocaram a adoção da utilização do telemóvel na aprendizagem, incluindo o ensino aberto e à distância. Os projectos de aprendizagem móvel estão a ser implementados em várias regiões, sendo o Uganda, a África do Sul e o Quénia os países com maior número de projectos implementados. Um dos projectos mais notáveis foi o da Tanzânia, que permitiu que os professores fizessem projecções de vídeo digital nas aulas através da utilização de tecnologias móveis. No Uganda, o júri nacional de exames divulga agora os resultados dos exames através de serviços de mensagens curtas (SMS) desde 2010. Este é um dos poucos projectos iniciados pelo governo em países africanos (Isaacs 2012).

1.6 OBJECTIVOS DA INVESTIGAÇÃO

1. Estabelecer infra-estruturas e recursos de aprendizagem móvel disponíveis na Universidade Estatal de Midlands

2. Determinar o nível de actividades de aprendizagem móvel na Midlands State University

3. Identificar os desafios enfrentados pela Midlands State University ao implementar o mlearning no ensino

e na aprendizagem

4. Apresentar recomendações que constituam possíveis soluções para os desafios enfrentados pela MSU na implementação do mlearning.

1.7 QUESTÕES DE INVESTIGAÇÃO

1. Que infra-estruturas e recursos de aprendizagem móvel estão disponíveis na Midlands State University?

2. Qual é o nível de actividades de aprendizagem móvel na Midlands State University?

3. Quais são os desafios enfrentados pela Midlands State University ao implementar o mlearning no ensino e na aprendizagem?

4. Quais são as possíveis soluções para os desafios que a Midlands State University enfrenta na implementação do mlearning?

1.8 JUSTIFICAÇÃO DO ESTUDO

Em todo o mundo, a tecnologia está a impulsionar a mudança em todos os sectores. O sistema educativo também se caracteriza por uma mudança da forma tradicional de ensino e aprendizagem para uma nova forma que é a aprendizagem móvel. Há oportunidades que a MSU pode aproveitar ao adotar dispositivos de tecnologia móvel na sala de aula. É necessário analisar se a universidade está envolvida em actividades de aprendizagem móvel para que possam ser melhoradas e para que possam ser adoptadas novas formas de ensino e aprendizagem. O investigador examinou se a MSU possui as infra-estruturas e os recursos necessários para a adoção da aprendizagem móvel. Esta investigação também identificou os desafios que os estudantes e professores da Universidade de Macau enfrentam na implementação da aprendizagem móvel na instituição.

1.9 METODOLOGIA DE INVESTIGAÇÃO

Para cumprir os objectivos desta investigação, foram utilizados vários métodos. Os dados primários e secundários foram essenciais. Dada a natureza dinâmica da área temática, foram adoptadas várias abordagens de investigação primária, incluindo métodos qualitativos e quantitativos. Este estudo utilizou o método de investigação descritiva e a investigação foi um estudo de caso, uma vez que o investigador escolheu uma amostra cujos resultados reflectiam a posição da Universidade Estatal de Midlands em termos de adoção da aprendizagem móvel. Nesta investigação, foram utilizados questionários, entrevistas e análise de documentos como instrumentos de investigação. O investigador aplicou questionários e realizou entrevistas de modo a obter dados relativos à aprendizagem móvel e à forma como esta poderia melhorar o ensino e a aprendizagem na Universidade Estatal de Midlands.

1.9.1 QUESTIONÁRIOS

O investigador utilizou questionários e utilizou uma amostra de 140 estudantes que foram seleccionados aleatoriamente. Foram também distribuídos questionários a uma amostra de 50 professores. O questionário para os professores foi concebido para recolher dados sobre a disponibilidade de dispositivos móveis para utilização no ensino e na investigação, a disponibilidade de ligação à Internet e problemas de conetividade WIFI, o seu nível de conhecimentos informáticos, bem como os desafios que enfrentam na aplicação da aprendizagem móvel. O questionário para os estudantes foi concebido para recolher dados sobre a taxa de posse de dispositivos móveis, a taxa de utilização destes dispositivos, o efeito destes dispositivos na aprendizagem, bem como questões de conetividade WiFi.

Os questionários concebidos pelo investigador incluíam perguntas abertas e fechadas, permitindo assim que o inquirido expressasse plenamente a sua resposta, e perguntas fechadas que apenas permitiam uma escolha simples de resposta, como sim ou não. Os questionários poupam tempo e são uma forma pouco dispendiosa de inquirir uma secção transversal de pessoas, razão pela qual foram escolhidos.

O investigador utilizou questionários para guiar o inquirido ao longo das linhas relativas ao tópico em estudo e as respostas obtidas a partir de perguntas fechadas são fáceis de analisar. Também permitiram que os inquiridos fornecessem livremente as informações confidenciais, uma vez que os inquiridos não são obrigados a revelar a sua identidade. No entanto, a recolha de dados através da utilização de questionários exigiu um empenho significativo, conhecimentos especializados, tempo e recursos materiais. O investigador também notou que os questionários eram altamente inflexíveis, uma vez que não davam espaço para reformular as perguntas, além disso, algumas perguntas ficaram sem resposta. O investigador utilizou uma redação simples nos questionários para que os inquiridos não deixassem de compreender as perguntas

1.9.2 ENTREVISTAS

O investigador realizou entrevistas com o diretor do ITS da MSU e com o bibliotecário adjunto. A entrevista com o diretor do ITS foi realizada de modo a conhecer as infra-estruturas que a MSU possui para a aprendizagem móvel, a conetividade à Internet e a conetividade WI-FI na MSU. O bibliotecário adjunto foi entrevistado para recolher dados sobre a utilização da biblioteca eletrónica e dos recursos electrónicos, uma vez que se trata de uma atividade de aprendizagem móvel.

1.10 ÂMBITO DO ESTUDO

Esta investigação centrou-se na aprendizagem móvel na Universidade Estatal de Midlands. O investigador optou por se centrar na Universidade Estatal de Midlands porque é a universidade que estabelece o ritmo no Zimbabué. O investigador limitou-se a identificar as infra-estruturas e os recursos disponíveis na MSU que podem ser utilizados para a aprendizagem móvel, a examinar se existem actividades de aprendizagem móvel em que a MSU esteja envolvida, a identificar os desafios à implementação da aprendizagem móvel e, por fim, a apresentar recomendações que possam constituir soluções para os desafios enfrentados pela MSU. A investigação restringiu-se ao papel desempenhado pelas tecnologias móveis no ensino e na aprendizagem.

1.11 ESBOÇO DO PROJECTO

A dissertação é composta por 5 capítulos. Capítulo 1, este capítulo é a introdução e apresenta a área de estudo, os objectivos da investigação e as principais questões de investigação. Em seguida, o Capítulo 2 abordou a revisão da literatura, analisando o que é a aprendizagem móvel, como está a ser adoptada noutras regiões, os projectos que foram implementados noutros países, os desafios que estão a ser enfrentados e os factores críticos de sucesso da aprendizagem móvel. No Capítulo 3, foram analisados os métodos de investigação e a recolha de dados, bem como as técnicas de recolha de informação utilizadas, tais como questionários estruturados, entrevistas e análise de documentos. A apresentação, análise e interpretação dos dados foram abordadas no Capítulo 4 e o Capítulo 5 incluiu as conclusões e recomendações da investigação.

1.12 OBSTÁCULOS

Durante a realização da investigação, o investigador deparou-se com as seguintes limitações

- Os recursos financeiros são limitados para satisfazer todas as necessidades financeiras desta investigação. Este facto obrigou o investigador a distribuir alguns questionários em linha quando era necessária a distribuição física.

- O diretor do ITS e o bibliotecário-adjunto são pessoas muito ocupadas e não puderam conceder ao investigador todo o tempo e atenção necessários para a discussão, mas, no entanto, o investigador conseguiu obter as informações necessárias para esta investigação. O investigador acabou por falar com o diretor-adjunto do ITS (Networking), uma vez que este estava disponível e tinha também as informações de que o investigador necessitava.

- Algumas informações foram consideradas privadas e confidenciais e, por conseguinte, não puderam ser reveladas ao investigador.

- O tempo dado para a conclusão do projeto foi demasiado curto. Uma investigação deste tipo necessita de pelo menos um ano para ser concluída. Tendo em conta que o investigador trabalha a tempo inteiro na universidade, foi muito difícil conseguir tempo suficiente para o projeto, pelo que o investigador fez a maior parte do trabalho fora de horas e também tirou alguns dias de férias para garantir que a investigação fosse concluída a tempo.

1.13 CONCLUSÃO

Este capítulo introduz a investigação, definindo os problemas que devem ser resolvidos pela investigação. Também menciona os objectivos do estudo e as principais questões que orientaram o investigador ao longo da investigação, os métodos que foram utilizados na investigação e o quadro teórico que o investigador seguiu. O capítulo seguinte é a revisão da literatura, onde o tema foi analisado criticamente.

CAPÍTULO 2
REVISÃO DA LITERATURA

2.0 INTRODUÇÃO

Esta revisão da literatura avaliou trabalhos de investigação de outros investigadores sobre os tópicos de investigação. O investigador explorou os três temas dominantes dos objectivos da investigação: infra-estruturas e recursos de aprendizagem móvel, actividades de aprendizagem móvel e desafios à aprendizagem móvel. O investigador avaliou os artigos de investigação que abrangem as infra-estruturas e os recursos necessários para o mlearning, as actividades de mlearning realizadas por diferentes universidades e os desafios enfrentados na adoção do mlearning.

2.1 PANORÂMICA DAS TECNOLOGIAS MÓVEIS

Móvel significa portátil ou amovível. Significa ser capaz de se deslocar fácil e livremente de um ponto para outro (Wentzel et al 2005). As tecnologias móveis são dispositivos que dispõem de uma ligação de rede sem fios que permite aos utilizadores enviar mensagens de texto, fazer chamadas de voz e executar aplicações (Sharon 2001). Os dispositivos de tecnologia móvel incluem assistentes pessoais digitais (PDA), computadores portáteis, netbooks, palmtops, telefones inteligentes, leitores de MP3, tablet PC e consolas de jogos (Wentzel et al 2005).

As ligações locais sem fios que utilizam Wi-Fi são uma das tecnologias móveis disponíveis atualmente. Os telemóveis que utilizam comunicações móveis 3G de terceira geração estão a ser mais adoptados por jovens entre os 18 e os 23 anos. As tecnologias móveis estão a evoluir todos os dias e incluem também a interoperabilidade mundial para o acesso por micro-ondas (WiMAX), os assistentes pessoais de dados (PDA), os PC de bolso e os tablets (Shih e Mills 2007).

As tecnologias móveis permitem que os estudantes comuniquem entre si e troquem informações e que comuniquem também com os seus professores. As ferramentas das tecnologias da informação e da comunicação são utilizadas para permitir o intercâmbio de informações, podendo incluir computadores, computadores portáteis e telemóveis. As ferramentas de informação e comunicação permitem o ensino e a aprendizagem no mlearning. A evolução contínua das tecnologias móveis está a aumentar a taxa de interação entre os estudantes e os seus professores.

2.2 DEFINIÇÃO DE APRENDIZAGEM MÓVEL

A utilização de tecnologias móveis para a aprendizagem é designada por aprendizagem móvel. Dois aspectos importantes da aprendizagem móvel são a ubiquidade e a mobilidade. A computação ubíqua é o acesso a tecnologias informáticas sempre e onde quer que sejam necessárias, enquanto a mobilidade é a aprendizagem em movimento. A aprendizagem móvel implica a utilização de dispositivos portáteis e, para a conetividade, a aprendizagem móvel utiliza redes nacionais ou internacionais, por exemplo, GSM e GPRS (Wentzel et al., 2005).

Quinn (2000) descreveu o mlearning como a aprendizagem que tem lugar com a ajuda de dispositivos móveis, ou a intersecção da computação móvel e da aprendizagem eletrónica. Quinn prossegue dizendo que é a aplicação de dispositivos de computação e comunicação pequenos, portáteis e sem fios ao sistema de aprendizagem. Quinn também apoia outros investigadores que afirmam que a mlearning tem a ver com a aprendizagem em qualquer lugar e em qualquer altura e que os recursos devem estar acessíveis sem restrições geográficas.

A configuração tradicional da sala de aula não é flexível em comparação com a aprendizagem móvel, que proporciona aos estudantes eficácia, comodidade e flexibilidade. Permite-lhes aprender em qualquer lugar, sem limites físicos nem restrições de tempo. A sala de aula tradicional pode ser flexibilizada através da utilização de tecnologias móveis se estas forem integradas nos currículos - os alunos podem aceder a material de aprendizagem e comunicar com todos os que se encontram nesse espaço de aprendizagem (Shih & Mills 2007).

De acordo com Keengwe (2013), a aprendizagem móvel é a capacidade de obter ou fornecer conteúdos educativos em dispositivos pessoais de bolso, como PDAs, smartphones e telemóveis. Os conteúdos educativos referem-se a activos de aprendizagem digital, que incluem qualquer forma de conteúdo ou meio de comunicação disponibilizado num dispositivo pessoal. Para efeitos desta investigação, o investigador adoptará esta definição, uma vez que está em consonância com a área de investigação, pois refere a utilização de tecnologias móveis para aceder a recursos educativos. A partir da definição, podemos também deduzir que a aprendizagem móvel envolve toda a instituição, ou seja, o pessoal administrativo, os estudantes e os professores.

Qualquer aprendizagem que ocorra em ambientes de aprendizagem que envolvam a deslocação de pessoas, a deslocação de tecnologia e a deslocação de aprendentes é designada por mlearning (Osman et al 2010). Os dispositivos tecnológicos utilizados no mlearning devem ser portáteis; os utilizadores devem poder transportá-los. Os aprendentes não devem ser afectados pelo local ou pela hora; devem poder aceder ao material de aprendizagem sempre que necessário.

Os processos de aprendizagem apoiados por tecnologias de informação e comunicação móveis e sem fios são conhecidos como aprendizagem móvel. Os dispositivos TIC permitem a mobilidade dos estudantes, uma vez que estes podem não estar no mesmo local físico ou estar geograficamente distantes. Os estudantes podem também estar em diferentes espaços educativos formais, como salas de aula ou locais de trabalho (Ferreira et al 2013). O investigador adoptará esta definição para efeitos da presente investigação, uma vez que está em consonância com o tema da investigação. A definição indica que existe a disponibilização de conteúdos educativos em dispositivos móveis e sem fios.

2.2.1 VANTAGENS DA UTILIZAÇÃO DO MLEARNING

O Mlearning pode ter contributos positivos de várias formas. Ajuda os alunos a melhorar as suas competências de literacia e numeracia, bem como a identificar as suas capacidades em diferentes áreas. Os alunos são capazes de identificar onde estão mais atrasados e onde precisam de ajuda no seu trabalho académico. A resistência à adoção da utilização das TIC pode ser eliminada, uma vez que todos se estão a adaptar à utilização de telemóveis, o que também pode resultar num aumento dos níveis de literacia em TIC (Attewell 2005).

O Mlearning pode aumentar a motivação dos alunos e ajudar a melhorar o seu envolvimento nos processos de aprendizagem. A motivação e o empenhamento dos alunos aumentam a qualidade e a quantidade do seu trabalho. Com o mlearning, os alunos fazem agora a sua avaliação e os seus trabalhos em linha, o que elimina a papelada. O mlearning dá aos estudantes o poder de controlar o seu processo de aprendizagem, tendo agora controlo sobre o quê, onde, quando e como vão aprender (Naismith & Corlett 2006).

No mlearning, os estudantes podem aceder ao material de aprendizagem e controlar a comunicação através da utilização de tecnologias móveis. A colaboração é melhorada através da conetividade instantânea, uma vez que o tempo e o local não constituem restrições à aprendizagem. Em última análise, os estudantes e os professores podem tomar melhores decisões. Com a utilização da conetividade móvel em telemóveis e tablets, os estudantes e os professores conseguem equilibrar o seu tempo social, a vida profissional e os seus trabalhos escolares (Motiwalla 2007).

Com o mlearning, as aulas podem ser descarregadas em áudio e vídeo e os professores podem fornecer indicações visuais. Os IPods podem ser utilizados para reproduzir conferências em formato podcast e os estudantes podem ouvi-las em qualquer altura e em qualquer lugar. Os leitores de MP podem ser utilizados para gravar conferências, bem como para ler e ouvir livros áudio. Os alunos podem aceder ao material didático mesmo quando não se encontram no campus. Também podem trocar informações sobre revisões e projectos (Umoru&Okeke 2012). Para efeitos desta investigação, foi necessário conhecer as perspectivas dos estudantes e dos professores relativamente à utilização das tecnologias móveis no ensino e na aprendizagem.

2.3 ESTADO DA ADOPÇÃO DO MLEARNING NAS DIFERENTES REGIÕES

Em África, a utilização dos telemóveis foi generalizada entre 2006 e 2011 e, no final de 2012, havia uma estimativa de 735 milhões de assinantes. Estes desenvolvimentos provocaram a adoção da utilização do telemóvel na aprendizagem, incluindo o ensino aberto e à distância. Os projectos de aprendizagem móvel estão a ser implementados em várias regiões, sendo o Uganda, a África do Sul e o Quénia os países com maior número de projectos implementados. Um dos projectos mais notáveis foi o da Tanzânia, que permitiu que os professores fizessem projecções de vídeo digital nas aulas através da utilização de tecnologias móveis. No Uganda, o júri nacional de exames divulga agora os resultados dos exames através de serviços de mensagens curtas (SMS) desde 2010. Este é um dos poucos projectos iniciados pelo governo em países africanos (Isaacs 2012).

Em 2007, a África do Sul deu início a um projeto de aprendizagem móvel para apoiar a disciplina de matemática. Existem muitos exercícios de matemática que abrangem todo o programa de estudos a que os alunos podem aceder gratuitamente. Os recursos de matemática podem ser acedidos através de uma aplicação de conversação instantânea chamada Mxit, uma aplicação que a maioria dos jovens na África do Sul está a utilizar. Os alunos recebem lembretes por SMS dos trabalhos que devem ser entregues (UNESCO 2012).

A Ásia tem um elevado grau de implementação e integração das tecnologias de informação e comunicação. Na Ásia, o mlearning está a ser adotado principalmente nas instituições de ensino superior. Em 2009, foi lançado um projeto no Paquistão para promover a alfabetização das mulheres através da utilização de telemóveis. O material didático era recebido através de mensagens de texto e os participantes tinham de reescrever as mensagens que recebiam nos seus cadernos de escrita, bem como responder a mensagens dos professores através de mensagens de texto. Nas Filipinas, a Universidade Aberta das Filipinas também adoptou o mlearning. Estão a utilizar telemóveis para entregar módulos aos alunos através de SMS (Hyo-Jeong So 2012).

O Japão tem o maior número de assinantes de telemóveis, bem como o maior número de assinantes que acedem à Internet através dos seus telemóveis, em comparação com todos os outros países. Adoptaram uma abordagem conhecida como videoblogging, através da qual os alunos gravam, carregam e visualizam vídeos a partir dos seus telemóveis. Isto apoia o principal objetivo do mlearning, que consiste em proporcionar acesso a materiais de aprendizagem em qualquer altura e em qualquer lugar (Selwood 2012).

Na Malásia, implementaram uma tecnologia de fonte aberta chamada MobileMath. O Mobile Math é uma plataforma de aprendizagem móvel que ajuda os alunos do ensino primário a aprender matemática. Os alunos acedem a lições, exercícios e testes. Os resultados de um inquérito realizado mostraram que 46% dos alunos do ensino primário estavam a utilizar esta aplicação em 2006 (Mahamad et al 2010). Para efeitos desta investigação, foi realizada uma avaliação para determinar a forma como as tecnologias móveis estavam a ser utilizadas na MSU.

2.3.1 UTILIZAÇÃO DE DISPOSITIVOS MÓVEIS NO SECTOR DA EDUCAÇÃO

No continente africano, o sistema educativo caracteriza-se pela escassez de recursos e pela falta de pessoal qualificado. Uma organização sem fins lucrativos tem vindo a doar leitores electrónicos Kindle, o que tem permitido o acesso a livros digitais em vários países em desenvolvimento. A empresa tem um leitor eletrónico que está presente em milhões de aparelhos em países como o Gana, a Nigéria e a Etiópia (McKinsey & Company 2012).

Um número significativo de instituições terciárias está a utilizar o serviço de mensagens curtas para comunicar com os seus estudantes. Uma maior percentagem de estudantes possui atualmente telefones inteligentes, pelo que a comunicação com eles através de sms é eficaz. Os alunos recebem informações quando o material didático lhes é enviado, lembretes de datas de entrega de trabalhos e resultados de exames. A utilização de telemóveis inteligentes por esta razão apoia principalmente as funções administrativas e não o ensino e a aprendizagem (Armataset al 2005).

Um estudo da UNESCO mostrou que a maioria das pessoas que utilizam telemóveis os utilizam sobretudo para aceder a sítios de redes sociais. Os sítios de redes sociais também oferecem oportunidades de aprendizagem móvel. Na África do Sul, os professores e os alunos partilham recursos e apoio em discussões abertas, sobretudo entre pessoas que não se encontram na mesma área geográfica. Na África do Sul, o Mxit não é utilizado apenas para conversar, mas também para dar explicações em direto e ajuda a fazer os trabalhos de casa de matemática (Isaacs 2012).

De acordo com Keegan (2005), a maioria dos países em África adoptou o mlearning, embora em alguns países o mlearning ainda não exista. O mlearning é utilizado para apoio à aprendizagem académica, bem como para apoio à aprendizagem administrativa. Na vertente administrativa, o mlearning é utilizado para o registo através de telemóveis, para aceder a balanços financeiros e para aceder a resultados de exames e notas de trabalhos de curso. No apoio à aprendizagem académica, o mlearning é utilizado para comunicação através de SMS, avaliação e tutoria móvel.

Muitos países da América Latina adoptaram um programa de um computador portátil por aluno como forma de integrar as TIC na sala de aula. Tanto os alunos como os professores receberam um computador portátil ou um netbook que podem utilizar tanto nas aulas como em casa. Na Colômbia e no Chile, a BridgeIT desenvolveu um projeto em que os professores receberam smartphones para acederem a uma biblioteca com vídeos educativos e, em alguns casos, serviços de Internet. Os professores foram ensinados a incorporar estes vídeos nas suas aulas e a projetar os vídeos utilizando projectores (Jara et al 2012).

De acordo com Jara et al (2012), na Argentina, houve um projeto em 2011 em que as escolas receberam smartphones para os alunos e routers para a ligação em rede. Os alunos tiveram acesso ao material da disciplina, o que aumentou os seus conhecimentos em comparação com a audição de palestras. Os alunos utilizaram a plataforma mlearning onde discutiram o que aprenderam e colocaram quaisquer questões relacionadas com a matéria.

Para Suki&Suki (2011), os estudantes não estão a aderir ao mlearning. De acordo com a sua investigação, a maioria dos estudantes não confia muito no telemóvel para aceder aos seus materiais de aprendizagem, tais como aulas e sessões de laboratório. Estão mais familiarizados com as abordagens de aprendizagem presencial e em estúdio e, por isso, não estão receptivos a esta nova ideia de aprendizagem com recurso à tecnologia móvel. Não conseguem ver a relevância da utilização da tecnologia num contexto de aprendizagem em estúdio.

2.4 DESAFIOS ENFRENTADOS NA IMPLEMENTAÇÃO DO MLEARNING

A maioria das instituições enfrenta a resistência dos estudantes por diferentes razões: as funcionalidades dos dispositivos móveis são tão limitadas que os estudantes não conseguem utilizar todas as aplicações disponíveis.

Há custos associados à utilização de telemóveis, por exemplo, os pacotes de dados são caros para os estudantes, que não podem comprar os créditos pré-pagos para telemóveis. Os estudantes também têm más experiências devido ao tamanho reduzido dos teclados, às resoluções dos ecrãs e à navegação (Suki&Suki 2011).

De acordo com Mtega et al (2012), os estudantes na Tanzânia não conseguiram adotar o mlearning porque as aplicações de m- learning são vendidas e eles não as podem comprar. A maioria dos dispositivos móveis que utilizam tem uma memória interna limitada para armazenamento, o que restringe o número de conteúdos que podem ter nos seus dispositivos móveis. Não podem descarregar e armazenar material multimédia de grande dimensão que seja relevante para a aprendizagem.

Na maioria dos países, os débitos de descarregamento são lentos e o acesso à Internet é limitado. As velocidades de descarregamento continuam a ser um desafio, apesar de a banda larga móvel celular estar a aumentar. Os pacotes de dados são caros na América do Norte. Nalgumas zonas, não existe qualquer acesso à Internet ou à banda larga (Tanya Elias 2011)

A maioria das escolas não tem capacidade para fornecer os dispositivos móveis necessários para o mlearning e os alunos compram-nos eles próprios. O aspeto da mobilidade no mlearning traz consigo questões que devem ser analisadas aquando da implementação do mlearning. Os estudantes terão de gravar algumas das suas aulas e os pacotes de dados continuam a ser bastante caros na maioria dos países. Existem preocupações de segurança na utilização da Internet, os alunos não têm supervisão e podem aceder a sítios perigosos (Naismith et al 2005). De acordo com Tanya Elias (2011), a memória limitada é outro fator que impede os alunos de adoptarem a aprendizagem móvel. A maioria dos dispositivos portáteis tem uma capacidade de armazenamento limitada. É necessário alargar a memória através da utilização de dispositivos de armazenamento secundário, cartões de memória ou cartões de memória, mas estes não podem ser utilizados em todos os dispositivos. Para efeitos desta investigação, foi necessário estabelecer as percepções dos participantes sobre os desafios que enfrentavam na implementação do mlearning.

2.5 FACTORES CRÍTICOS DE SUCESSO

Naismith &Corlett (2006) resumiram uma série de investigações e chegaram a 5 factores que consideram críticos para o sucesso de qualquer projeto. Para que qualquer projeto de mlearning seja bem sucedido, devem estar disponíveis dispositivos de tecnologia móvel. A formação do pessoal é essencial; todos na organização precisam de compreender o papel que desempenham para que o mlearning seja bem sucedido. Os projectos de mlearning implicam a utilização de redes WI-FI e de redes de telemóveis. Os utilizadores devem poder sempre ligar-se a estas redes, caso contrário todo o sistema de aprendizagem móvel será interrompido. O mlearning não se pode sustentar por si só, mas precisa de ser integrado noutros sistemas para funcionar.

De acordo com Muyinda (2007), os diferentes intervenientes, como o pessoal de apoio e os administradores, têm de conhecer os papéis que desempenham para que a aprendizagem móvel seja bem sucedida. As funções e responsabilidades devem ser claramente delineadas. Os académicos e o pessoal de apoio devem receber formação adequada.

A melhoria das infra-estruturas móveis é outro fator crítico para o êxito da adoção do mlearning. São necessárias melhores infra-estruturas para permitir uma maior capacidade nas redes sem fios, de modo a que alunos e professores possam aceder a materiais e recursos de aprendizagem em linha. É necessário dispor de redes móveis mais rápidas (West 2012).

Os professores precisam da formação e do financiamento necessários para garantir que são capazes de utilizar a tecnologia disponível. Em algumas áreas, as infra-estruturas e a tecnologia estão disponíveis, mas os professores não sabem como utilizar estas ferramentas úteis nas salas de aula. Os professores precisam de desenvolvimentos profissionais que os ajudem a tirar partido das inovações educativas (West 2012)

A rede é outro fator crucial na implantação do mlearning. A maioria dos utilizadores de telemóveis inteligentes liga-se à Internet através dos seus vários fornecedores de serviços. A maioria dos estudantes, quando não está no campus, utiliza serviços de rede 3G nos seus telemóveis. É necessário dispor de serviços de rede fiáveis para garantir o sucesso do mlearning (Osang et al 2013).

A idade e a capacidade dos professores é outro fator crítico de sucesso. Alguns professores têm uma atitude negativa em relação aos alunos que utilizam telemóveis na sala de aula. O nível de literacia dos professores determina o ritmo a que incluem a utilização de tecnologias móveis nos seus currículos. A maioria dos professores continua a utilizar computadores de secretária e os que têm computadores portáteis utilizam-nos apenas para uso pessoal e não como ferramenta de ensino (Peters 2007).

2.6 CONCLUSÃO

As principais características do mlearning são a sua capacidade de aprendizagem em qualquer lugar e em qualquer altura. A aprendizagem móvel criou novas formas de comunicar e aprender. A partir da literatura disponível, podemos ver que a adoção do mlearning está numa fase avançada na maioria dos países. As capacidades das tecnologias móveis estão a mudar diariamente. Para obter todos os benefícios do mlearning, é necessário melhorar as infra-estruturas móveis. O capítulo seguinte analisou as técnicas de recolha de dados que o investigador utilizou nesta investigação.

CAPÍTULO 3
CONCEPÇÃO E METODOLOGIA DA INVESTIGAÇÃO

3.0 INTRODUÇÃO

O capítulo anterior discutiu a literatura sobre infra-estruturas e recursos do mlearning, adoção do mlearning e os desafios enfrentados na adoção do mlearning. Esta secção vai discutir a metodologia que foi utilizada nesta investigação e a forma como essa metodologia deu ao investigador respostas às questões de investigação. Este capítulo também analisou algumas das teorias que rodeiam os métodos de investigação e forneceu uma conceção pormenorizada da forma como a investigação foi levada a cabo.

3.1 CONCEPÇÃO DA INVESTIGAÇÃO

Um projeto de investigação é um plano ou uma estratégia de realização de um projeto de investigação. Um plano de investigação indica como se vão obter respostas às questões de investigação. Indica-nos os dados necessários e quem os fornecerá. Um projeto de investigação também nos diz como a informação recolhida é relevante para o estudo. A conceção da investigação orienta o estudo para a realização dos seus objectivos. Articula os métodos que vão ser adoptados para recolher e analisar os dados e a forma como as questões de investigação vão ser respondidas.

Este estudo utilizou o método de investigação descritivo. O método descritivo permite ao investigador recolher dados sobre as condições actuais existentes. Obtém informações sobre o estado atual de uma situação e tira conclusões a partir dos factos descobertos (Sobh e Perry 2005). A investigação descritiva permitiu ao investigador analisar a situação existente e explorar as causas dessas situações. Os resultados não podem ser generalizados à população em geral, mas podem fornecer informações importantes para a investigação futura. Foi também escolhido devido ao seu aspeto de abordar características particulares de uma população específica de sujeitos e de produzir dados qualitativos, uma vez que recorreu a entrevistas e questionários. O método descritivo é relativamente barato de administrar porque é possível recolher dados dos inquiridos através da utilização de questionários e entrevistas.

Existem diferentes tipos de investigação descritiva. Há o estudo de caso, que envolve a investigação de uma pessoa ou de um grupo de pessoas durante um período de tempo específico. Existem inquéritos que envolvem a obtenção de informações de uma amostra de indivíduos. Os resultados de um inquérito podem ser generalizados a toda a população da qual a amostra foi retirada. No âmbito da investigação descritiva, existem também os âmbitos de aplicação. Os âmbitos envolvem inquéritos que envolvem todas as pessoas da população, por exemplo, um censo. Esta investigação foi um estudo de caso, uma vez que o investigador escolheu uma amostra cujos resultados reflectiam a posição da Universidade Estatal de Midlands em termos de adoção da aprendizagem móvel.

3.2 MÉTODOS DE INVESTIGAÇÃO

Existem 3 tipos de métodos de investigação: qualitativos, quantitativos e mistos. A abordagem quantitativa é aquela em que o investigador deduz conhecimentos a partir dos dados disponíveis, por exemplo, utilizando observações e hipóteses. Os dados podem ser recolhidos através de experiências e inquéritos. A abordagem qualitativa é quando o investigador analisa situações e experiências e lhes dá significado. Utiliza narrativas e estudos de caso. A abordagem de métodos mistos é aquela em que o investigador baseia as suas afirmações nos dados recolhidos (Creswell 2003).

3.2.1 TIPO DE INVESTIGAÇÃO

O investigador utilizou a abordagem de métodos mistos, conhecida como metodologia de triangulação. A triangulação envolve a utilização de três métodos diferentes para recolher dados de uma determinada população, de modo a aumentar a validade da investigação ou a dar confiança nos resultados. Os métodos de investigação seleccionados foram questionários estruturados, entrevistas e análise de documentos. Os métodos foram definidos para recolher informações de diferentes funcionários e estudantes da MSU. A entrevista estruturada visou o diretor do ITS e o bibliotecário adjunto, enquanto os questionários foram distribuídos aos estudantes universitários e aos professores. Os questionários foram concebidos para obter informações que respondessem às questões levantadas pelos objectivos do estudo.

3.3 INSTRUMENTOS E TÉCNICAS DE INVESTIGAÇÃO

Os instrumentos de investigação são ferramentas de medição concebidas para obter dados sobre um determinado tópico de interesse. São ferramentas utilizadas para recolher dados aquando da realização de uma investigação (Creswell 2003). Os instrumentos de investigação incluem questionários, inquéritos e guias de entrevista. Qualquer dispositivo de recolha de dados numa investigação é um instrumento de investigação. Nesta investigação, foram utilizados como instrumentos de investigação os questionários, as entrevistas e a análise de documentos. O investigador aplicou questionários e realizou entrevistas de modo a obter dados relativos à aprendizagem móvel e à forma como esta pode melhorar o ensino e a aprendizagem na Universidade Estatal de Midlands.

3.3.1 QUESTIONÁRIOS

Marshall&Rossman (1999) definiram o questionário como um documento que contém perguntas destinadas a recolher informações dos inquiridos. O questionário contém uma série de perguntas que ajudam o investigador a obter informações específicas necessárias para responder às perguntas da investigação. Os questionários concebidos pelo investigador continham perguntas abertas e perguntas fechadas, de modo a permitir que o inquirido expressasse plenamente a sua resposta, bem como uma simples escolha de resposta, como sim ou não. Algumas das perguntas foram dirigidas aos estudantes e professores, de modo a determinar o estado do mlearning na Universidade Estatal de Midlands e a forma como pode melhorar o ensino e a aprendizagem.

O investigador utilizou uma amostra de 140 estudantes seleccionados aleatoriamente. Foram também distribuídos questionários a uma amostra de 50 professores. O questionário para os professores foi concebido para recolher dados sobre a disponibilidade de dispositivos móveis para utilização no ensino e na investigação, disponibilidade de ligação à Internet e problemas de conetividade WIFI, o seu nível de conhecimentos informáticos, bem como os desafios que enfrentam na aplicação da aprendizagem móvel. O questionário para os estudantes foi concebido para recolher dados sobre a taxa de posse de dispositivos móveis, a taxa de utilização destes dispositivos, o efeito destes dispositivos na aprendizagem, bem como questões de conetividade Wi-Fi.

Os questionários poupam tempo e constituem uma forma pouco dispendiosa de inquirir os estudantes e os professores. Os questionários permitiram ao investigador orientar os inquiridos ao longo das linhas relativas ao tópico em estudo e as respostas obtidas a partir de perguntas fechadas foram fáceis de analisar. Os questionários permitiram que os inquiridos fornecessem livremente informações confidenciais, uma vez que não lhes foi exigido que revelassem a sua identidade. Os questionários foram utilizados pelo investigador porque a sua administração é comparativamente barata e fácil, mesmo quando se recolhem dados de um grande número de pessoas espalhadas por uma vasta área geográfica. Reduzem as hipóteses de enviesamento do avaliador porque são feitas as mesmas perguntas a todos os inquiridos. Algumas pessoas sentem-se mais à vontade para responder a um inquérito do que a entrevistas em que têm de enfrentar o entrevistador. No entanto, a recolha de dados através da utilização de questionários exigiu um empenhamento significativo, conhecimentos especializados, tempo e recursos materiais.

Com os questionários, alguns alunos fazem uma leitura diferente de cada pergunta e, por isso, respondem com base na sua própria interpretação da pergunta, pelo que há um nível de subjetividade que não é reconhecido. O investigador também notou que os questionários eram muito inflexíveis, pois não davam espaço para reformular as perguntas, além de que algumas perguntas ficaram sem resposta.

O investigador utilizou uma redação simples nos questionários para que os inquiridos não deixassem de compreender as perguntas. As perguntas abertas podem gerar grandes quantidades de dados que podem levar muito tempo a processar e analisar. Os alunos podem não estar dispostos a responder às perguntas, podem pensar que não terão benefícios em responder ou podem ser penalizados por darem a sua verdadeira opinião. O investigador certificou-se de que os respondentes ao questionário permanecerão anónimos.

3.3.2 ENTREVISTAS

Uma entrevista é uma conversa entre o investigador e o inquirido, realizada com o objetivo de obter as informações necessárias para responder às perguntas da investigação. As entrevistas são conversas individuais em que o entrevistador faz perguntas e o entrevistado responde às mesmas. Uma entrevista no âmbito da investigação permite ao investigador ter acesso ao que está no interior da mente de uma pessoa, como atitudes, sentimentos e opiniões (Marshall e Rossman 1999). O método implica uma comunicação bidirecional por parte do entrevistador para obter informações dos inquiridos. Através das entrevistas, o investigador teve a garantia de um feedback imediato e, além disso, as pistas verbais e não verbais foram monitorizadas e captadas através de gestos e expressões faciais.

O investigador utilizou entrevistas estruturadas para obter informações pormenorizadas e específicas do Diretor dos ITS e do Bibliotecário Adjunto. As questões apresentadas ao Diretor dos ITS procuravam determinar a infraestrutura de que a universidade dispõe para apoiar a aprendizagem móvel e os problemas de conetividade à Internet. As perguntas feitas ao bibliotecário adjunto visavam determinar a taxa de utilização da biblioteca eletrónica e dos recursos electrónicos. As entrevistas também procuraram descobrir os desafios à adoção e utilização plena do mlearning na MSU.

Esta técnica foi utilizada porque as entrevistas são muito flexíveis e o investigador pôde reformular as perguntas para que o inquirido compreendesse melhor. Uma vez que se tratou de uma entrevista estruturada, o investigador tinha uma lista de perguntas pré-determinadas a fazer ao diretor do ITS, o que lhe permitiu controlar o tema e o padrão da discussão.

Sobh e Perry (2005) afirmam que existem certos enviesamentos devido à tendência do entrevistador para fazer perguntas erradas e receber as respostas que espera obter. O investigador eliminou esses erros ao evitar fazer perguntas orientadoras e ao adotar uma abordagem de ouvinte em vez de dar sugestões. O entrevistado pode mentir devido a sentimentos de embaraço, inadequação, falta de conhecimentos sobre o tema, nervosismo, perda de memória ou confusão. As entrevistas podem ser demoradas, o entrevistado pode ser uma pessoa ocupada, pelo que o investigador marcou uma entrevista e também fez um acompanhamento sob a forma de um telefonema a lembrar o entrevistado da entrevista antes da hora marcada

3.3.3 REVISÃO DE DOCUMENTOS

O investigador utilizará a análise de documentos para determinar a forma como outras universidades estão a utilizar o mlearning para melhorar o ensino e a aprendizagem e também para estabelecer outras formas de a MSU também poder adotar o mlearning. O investigador analisou uma série de documentos de investigação sobre a adoção do mlearning. Os documentos de estratégia da MSU, como o documento de estratégia da MSU, contêm informação compilada, uma vez que a administração levou o seu tempo a compilar e a planear o futuro da universidade. Não foram realizados trabalhos que abordassem a adoção do mlearning no Zimbabué, pelo que o investigador irá considerar apenas os estudos que mostram o mesmo ambiente e circunstâncias em que a MSU opera.

3.4 APRESENTAÇÃO E ANÁLISE DE DADOS

Creswell (2003) definiu a análise de dados como um processo (que envolve vários métodos) de avaliação de dados, de procura de padrões, de ordenação e de significado dos dados recolhidos. O principal objetivo da análise de dados é descobrir informações úteis a partir dos dados recolhidos que possam ser utilizadas para a tomada de decisões. O investigador utilizou tabelas, histogramas e gráficos de pizza para analisar os dados quantitativos recolhidos. Os dados qualitativos recolhidos foram conceptualizados de forma a desenvolver informação significativa.

3.4.1 QUADROS

Para apresentar claramente as informações recolhidas, o investigador recorreu a tabelas. As tabelas mostram visualmente as respostas dos questionários. As tabelas são fáceis de construir e, por conseguinte, fáceis de compreender. Mostram a relação entre as variáveis. As tabelas permitem transmitir grandes quantidades de dados num espaço muito limitado. A única desvantagem da utilização das tabelas é o facto de dificultarem a procura de explicações alternativas para os resultados produzidos, pelo que o investigador as utilizou com gráficos.

3.4.2 HISTOGRAMA

Woodside e Wilson (2003) definiram um histograma como uma apresentação visual com barras que representam dados em bruto, mostrando a forma como os dados se distribuem. Grandes conjuntos de dados podem ser resumidos através da utilização de histogramas. São utilizados para comparar medições com especificações, comunicar informações à equipa e ajudar na tomada de decisões. O investigador utilizou histogramas porque clarificam a apresentação dos dados e é possível comparar facilmente dois conjuntos de variáveis. A informação das tabelas será apresentada em histogramas.

3.4.3 GRÁFICO DE TORTAS

Um gráfico de pizza apresenta os dados como uma percentagem do todo. A área de cada fatia da torta mostra a proporção da fatia em relação à categoria inteira que está a ser estudada e às outras fatias. Cada secção da torta deve ter um rótulo e uma percentagem. O investigador utilizou gráficos de pizza porque são visualmente apelativos e mostram uma percentagem do total para cada categoria. A desvantagem dos gráficos de pizza é que não mostram os dados numéricos exactos e é difícil comparar dois conjuntos de dados porque os gráficos de pizza só podem ser utilizados com dados discretos.

3.5 SELECÇÃO DA POPULAÇÃO-ALVO

Uma população-alvo é todo o grupo de indivíduos em que um investigador está interessado, pelo que é um grupo de pessoas no qual é selecionada uma amostra (Sobh e Perry 2005). Uma população-alvo deve conter informações sobre os elementos de amostragem, as unidades de amostragem ou a área de cobertura. Woodside & Wilson (2003) definem a população-alvo como a população incluída na investigação; é o grupo a partir do qual os resultados serão generalizados. Foi utilizada uma população-alvo de 190 inquiridos, que são estudantes e professores universitários, e a população-alvo foi dividida da seguinte forma

Quadro 3.1 A estrutura da amostra

Inquiridos	Amostra
Professores	50
Estudantes	140

3.5.1 TAMANHO DA AMOSTRA

Churchill (2000) define a dimensão de uma amostra como uma proporção da população utilizada para efetuar a investigação. Os dados foram recolhidos de um pequeno grupo que foi utilizado para concluir informações sobre toda a população. O investigador utilizou um método fácil e rápido de seleção aleatória de pessoas. Para os estudantes, o investigador seleccionou aleatoriamente 20 estudantes de cada faculdade. Os 50 professores também foram seleccionados aleatoriamente. O investigador utilizou uma amostra porque o tempo e os recursos não eram suficientes para recolher dados de todos os elementos da população.

3.5.2 TÉCNICAS DE AMOSTRAGEM

De acordo com Black (1999), existem várias técnicas envolvidas na amostragem da população-alvo, que incluem a amostragem aleatória simples, a amostragem sistemática e a amostragem estratificada, a amostragem por conglomerados, a amostragem por fases, a amostragem em bola de neve, a amostragem por quotas e a amostragem intencional. Na amostragem aleatória, cada elemento da população tem a mesma probabilidade de ser selecionado. A amostragem aleatória pode ser utilizada quando as populações são muito grandes e evita enviesamentos. A sua desvantagem é que pode conduzir a uma má distribuição se algumas áreas não forem abrangidas. Amostragem sistemática: as amostras são seleccionadas de forma sistemática, ou seja, são distribuídas regularmente. É uma técnica melhor do que a amostragem aleatória porque a área de estudo pode ser coberta de forma eficiente. O investigador utilizou a amostragem aleatória estratificada.

3.5.3 AMOSTRAGEM ALEATÓRIA ESTRATIFICADA

A amostragem aleatória estratificada é uma amostra probabilística em que a população é constituída por subconjuntos com dimensões conhecidas. A população-alvo tem diferentes faculdades, pelo que o investigador seleccionou amostras aleatórias de cada faculdade. O investigador dividiu os inquiridos em estudantes e professores. Esta técnica assegura que grupos específicos são representados proporcionalmente na(s) amostra(s).

3.6 CONSIDERAÇÕES ÉTICAS

Existem normas de conduta que distinguem o que é aceitável para o investigador e o que não é aceitável. A investigadora tem alguns princípios morais que considerou ao fazer esta investigação. A moral ajuda a promover os objectivos da investigação, por exemplo, dizer a verdade. A investigadora será responsável perante o público. A investigadora pediu autorização à administração da Universidade Estadual de Midlands para realizar esta investigação.

3.6.1 PARTICIPAÇÃO

O investigador assegurou-se de que todos os participantes tinham pleno conhecimento do objeto da investigação e que escolhiam se queriam ou não participar. Os participantes puderam colocar ao investigador todas as questões que tinham sobre este estudo. Os estudantes e os professores não foram coagidos a participar no estudo. Os participantes decidiram envolver-se neste estudo e aqueles que não quiseram não tiveram medo de o dizer.

3.6.2 PRIVACIDADE

As informações fornecidas pelos participantes foram partilhadas sem a divulgação dos nomes dos participantes. Foi mantido o anonimato, não foram divulgados nomes. A confidencialidade foi assegurada verbalmente aos participantes. Foi difícil identificar as respostas dos indivíduos, uma vez que os nomes não eram exigidos no questionário.

3.7 JUSTIFICAÇÃO DA CONCEPÇÃO DA INVESTIGAÇÃO

A escolha da conceção foi influenciada pelas questões de investigação, bem como pelos objectivos da investigação. Os questionários eram económicos em termos de tempo e permitiam que os inquiridos fornecessem informações confidenciais, uma vez que não lhes era exigido que revelassem a sua identidade. Além disso, a análise dos dados das perguntas fechadas era fácil. As entrevistas garantiram um feedback imediato; além disso, as pistas verbais e não verbais foram monitorizadas e captadas através de gestos e expressões faciais. A análise de documentos ajudou o investigador a obter informações sobre os desenvolvimentos tecnológicos e os planos futuros da universidade, bem como sobre os planos estratégicos da universidade.

3.8 CONCLUSÃO

Este capítulo abordou a metodologia de investigação utilizada pelo investigador para obter dados. O investigador utilizou a investigação descritiva como forma básica de conceção da investigação. O investigador utilizou a amostragem aleatória estratificada para escolher os inquiridos e a população-alvo. O investigador utilizou questionários e entrevistas como principais métodos de obtenção de informações. Os resultados foram apresentados sob a forma de tabelas. O investigador também se certificou de que eram recolhidas respostas suficientes de todos os participantes para uma investigação eficaz. Após ter descrito em pormenor a metodologia de investigação desta investigação, o capítulo seguinte analisará os resultados da investigação e discutirá as conclusões para responder aos objectivos gerais da investigação.

CAPÍTULO 4
APRESENTAÇÃO, ANÁLISE E DISCUSSÃO DOS DADOS
4.1 INTRODUÇÃO
O objetivo deste estudo era estabelecer a infraestrutura e os recursos de aprendizagem móvel disponíveis na Universidade Estatal de Midlands, determinar o nível de actividades de aprendizagem móvel na Universidade Estatal de Midlands, identificar os desafios enfrentados pela Universidade Estatal de Midlands ao implementar a aprendizagem móvel no ensino e aprendizagem e fornecer recomendações que possam ser possíveis soluções para os desafios enfrentados pela MSU. Este capítulo centrou-se nas conclusões do estudo, nos resultados do inquérito e na apresentação de dados sobre as questões de investigação. O investigador apresentou este capítulo de acordo com a ordem sequencial das questões de investigação e, em seguida, apresentou os resultados das entrevistas. Este capítulo inclui todas as respostas recolhidas nos questionários. O investigador seguiu a estrutura do questionário, cada pergunta foi apresentada separadamente e isto foi feito em secções. Os dados recolhidos a partir do questionário dos estudantes foram discutidos em primeiro lugar, seguindo-se os dados recolhidos a partir dos questionários dos professores. Foram utilizados quadros, histogramas e gráficos de pizza para apresentar os dados, facilitando assim a comparação e a compreensão dos resultados

4.2 RESUMO DO INQUÉRITO
Para obter respostas às questões de investigação, bem como para cumprir os objectivos desta investigação, foi realizado um inquérito na Midlands State University. No capítulo anterior, os questionários foram impressos e distribuídos a dois grupos, a saber, os estudantes e os professores da MSU. Foram distribuídas 140 cópias aos estudantes e 50 cópias aos professores. Os questionários foram distribuídos e recolhidos para a recolha de dados entre 15th de março e 17th de abril de 2014.

4.3 RESPOSTAS AOS QUESTIONÁRIOS
Foi distribuído um total de 140 questionários aos estudantes da MSU. A devolução dos questionários foi fraca porque a maioria dos estudantes saiu mais cedo para as férias do semestre. Verificou-se que, dos 140 questionários distribuídos à população-alvo, apenas 83 foram devolvidos, 52 do sexo feminino e 31 do sexo masculino. Alguns estudantes justificaram o facto de estarem demasiado ocupados e não poderem responder às perguntas, outros perderam os questionários e outros ainda não tinham a certeza das intenções do investigador, pelo que não responderam. Alguns alunos consideraram que o questionário era demasiado inquisitivo. A investigadora teve de provar a alguns alunos que a investigação era apenas para fins académicos e acabou por explicar individualmente à maioria dos alunos por que razão a investigação estava a ser feita e como a informação obtida seria útil. A investigadora constatou que todos os questionários distribuídos aos alunos do bloco de lançamento e aos alunos da faculdade de educação foram devolvidos. Isto pode ter acontecido porque a maioria dos estudantes são pessoas maduras que já compreenderam o objetivo do estudo e a sua importância. Os questionários foram distribuídos a estudantes de todas as faculdades e a estudantes de todos os níveis, para que a investigação se tornasse um verdadeiro reflexo da aprendizagem móvel na MSU.

O investigador também distribuiu 50 questionários a professores da MSU, mas apenas 41 professores devolveram os questionários. A Faculdade de Comércio registou o maior número de questionários não devolvidos, com apenas 3 questionários devolvidos de um total de 10. Os que não devolveram disseram que não podiam responder aos questionários devido ao facto de terem muita carga de trabalho e não conseguirem arranjar tempo para responder às perguntas. Os restantes questionários que não foram devolvidos deveram-se ao facto de o investigador não ter conseguido encontrar os professores, talvez devido às férias da Páscoa. As respostas aos questionários são apresentadas no quadro seguinte

Quadro 4.1 Taxa de resposta ao questionário

Grupos-alvo	N.º de distribuídos Questionários	N.º de questionários devolvidos
Estudantes	140	83
Professores	50	41
Total	190	124

Students   **Lecturers**

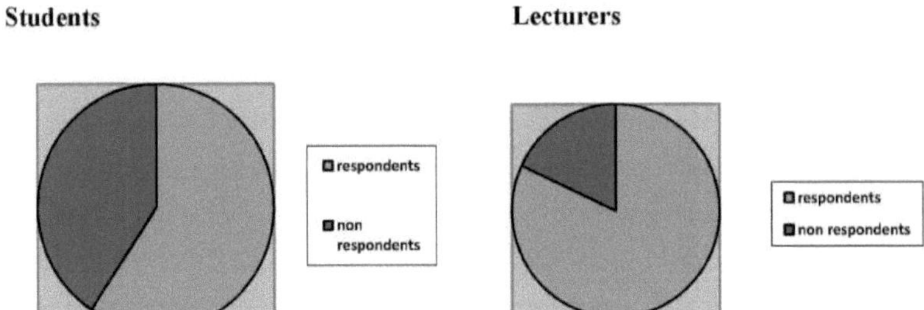

Fig 4.1 Taxa de resposta ao questionário

4.4 INFRA-ESTRUTURAS E RECURSOS DE APRENDIZAGEM MÓVEL

O investigador queria descobrir as infra-estruturas e os recursos disponíveis na MSU que podem ser utilizados para a aprendizagem móvel

4.4.1 ACESSO DOS ALUNOS A DISPOSITIVOS MÓVEIS

As perguntas 1 e 2 do questionário aos estudantes pretendiam saber se os estudantes dispõem de dispositivos tecnológicos móveis para fins académicos. Dos 83 questionários devolvidos, verificou-se que 67 estudantes possuíam um telemóvel inteligente, um computador portátil ou um tablet. Alguns estudantes tinham um smartphone e um tablet e outros tinham um smartphone e um computador portátil. A partir destes dados, podemos concluir que 80,7% dos estudantes da Midland State University possuem dispositivos móveis. A pergunta n.º 2 questionava os alunos sobre as razões que os levaram a trazer os seus smartphones. 32 alunos responderam que queriam utilizar as aplicações das redes sociais e que queriam utilizar a Internet. 5 dos alunos disseram que foram os pais que lhos trouxeram, 3 disseram que foram presentes de amigos e 10 disseram que estes aparelhos estão a ser falados em todo o lado, pelo que simplesmente os trouxeram.

4.4.2 ACESSO DOS DOCENTES A DISPOSITIVOS MÓVEIS

As perguntas 1 e 2 do questionário aos professores pretendiam saber se o pessoal docente possuía algum dispositivo móvel. 28 dos professores da população-alvo possuíam um smartphone, um computador portátil ou um tablet que tinham adquirido por conta própria. Por conseguinte, podemos concluir que, a partir destes dados, 53,7% do pessoal docente da MSU possui dispositivos móveis. Perguntou-se também aos professores por que razão tinham smartphones. 10 deles disseram que era para comunicação, 3 disseram que era para ligação à Internet e 5 disseram que eram presentes de familiares.

Tabela 4.2 Propriedade de dispositivos móveis

DISPOSITIVO MÓVEL	ESTUDANTES	PROFESSORES
LAPTOP	34	21
TABLET	16	4
SMARTPHONE	43	18

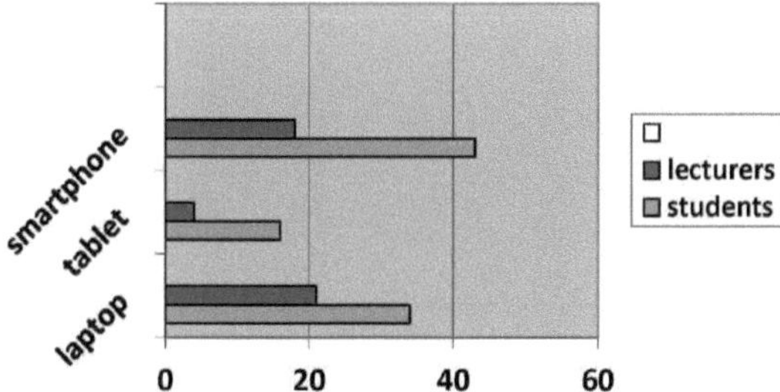

Fig 4.2 Propriedade de dispositivos móveis

4.4.3 LIGAÇÃO À INTERNET E WI-FI

O questionário continha perguntas relacionadas com a conetividade à Internet e a conetividade Wi-Fi na

MSU

Acesso à Internet

Foi perguntado aos estudantes se têm acesso à Internet quando não estão no campus. 51,8% dos estudantes afirmam que acedem à Internet utilizando a conetividade móvel 3G/4G quando não estão no campus. 6 dos inquiridos afirmaram ter acesso à Internet nas pensões onde estão alojados.

Foi perguntado aos docentes se dispunham de ligação à Internet quando não se encontravam no campus. Apenas 9 dos inquiridos disseram que tinham modems em casa, 3 tinham acesso Wi-Fi, 18 tinham 3G/4G móvel e os restantes disseram que só podem aceder à Internet quando estão no campus.

Quadro 4.3 Acesso à Internet

	ESTUDANTES	PROFESSORES
Móvel 3G/4G	**43**	**18**
Acesso WI-FI	**25**	**3**
Apenas acesso à escola	**23**	**11**
Banda larga doméstica	**6**	**9**

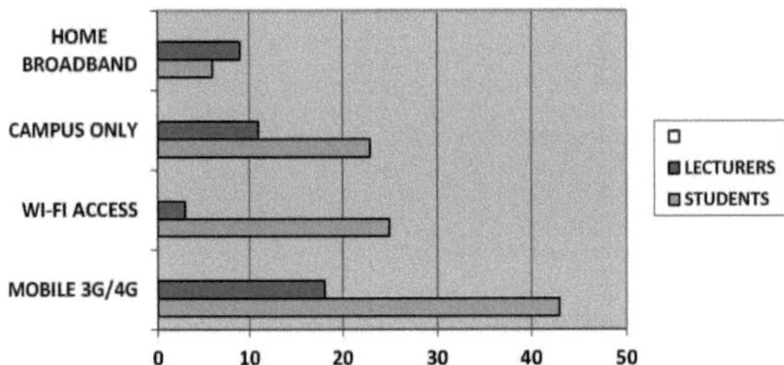

Fig 4.3Acesso à Internet

Acesso à Internet no campus: opinião dos estudantes

As perguntas 11 e 12 recolheram dados sobre a disponibilidade de ligação à Internet na MSU. Da população-alvo, 39 estudantes afirmaram que a conetividade à Internet é má e precisa de ser melhorada. Estes são os estudantes que utilizam a Internet nos laboratórios ITS espalhados pelos campi. Os estudantes também afirmaram que a conetividade WI-FI na MSU é má, o que constava de 37 dos questionários devolvidos.

Acesso à Internet no campus: opinião dos docentes

A pergunta número 10 pedia aos professores que classificassem a conetividade à Internet na MSU. De um total de 41 inquiridos, 37 afirmaram que a conetividade à Internet era muito boa ou boa. 90, 2% reconhecem que a conetividade à Internet é boa.

4.5 ACTIVIDADE MLEARNING NA MSU

O investigador queria descobrir se existem actividades de mlearning em que a MSU esteja envolvida neste momento. O investigador tinha de descobrir como os estudantes e os professores estavam a utilizar os seus dispositivos móveis e as aplicações que também estavam a utilizar.

4.5.1 APLICAÇÕES UTILIZADAS PELOS ESTUDANTES NOS SEUS DISPOSITIVOS MÓVEIS

As perguntas 3, 4 e 6 obtiveram informações sobre as aplicações que os estudantes utilizam nos seus dispositivos móveis. Dos 83 inquiridos, 80 utilizavam aplicações de mensagens instantâneas como o gtalk, o whatsapp e o viber nos seus dispositivos para comunicar. Os estudantes afirmaram que utilizam os seus telemóveis principalmente para fazer chamadas telefónicas, enviar SMS, aceder à Internet, ouvir música e enviar e-mails. Outros tinham o facebook messenger, a grelha de fotos, a Google playstore, o Skype, a bíblia, o dicionário, o opera mini, o Mozilla, o iTunes, o adobe reader, o instagram, o we chat, o VLC media player, os jornais do Zimbabué, o kingsoft office, o dropbox, o google chrome, o adobe AIR e várias aplicações de jogos. Segue-se uma tabela que mostra os serviços que os estudantes utilizam mais frequentemente.

Tabela 4.4 Aplicações utilizadas pelos estudantes

CANDIDATURA	PERCENTAGEM
SMS	84%
Chamadas	100%
Serviços de Internet	51.8%
Ouvir música	56%
Mensagens instantâneas	96%
Serviços multimédia	47%

Bíblia	52%
Aplicações Web 2.0	80.7%
Jogos	64%

A pergunta 6 pedia aos alunos que destacassem as aplicações que utilizaram para realizar um trabalho. 18 dos inquiridos saltaram esta questão, não responderam. 49 dos estudantes disseram que utilizaram as seguintes aplicações: opera mini, kingsoft office, Mozillafirefox e adobe reader. A pergunta 8 perguntava aos estudantes como utilizavam os seus dispositivos móveis para fins académicos. 56 dos inquiridos disseram que utilizavam os seus dispositivos para comunicação. 66% dos inquiridos afirmaram utilizar os seus dispositivos para descarregar materiais de aprendizagem da Internet e da plataforma de aprendizagem eletrónica. 19% disseram que utilizam os seus telemóveis para gravar os professores e reproduzi-los mais tarde. Estes resultados são tabulados de seguida

Quadro 4.5 Utilização de dispositivos móveis para fins de aprendizagem

Atividade	Percentagem de estudantes
Comunicação	97%
Descarregar material	66%
Registo	19%

4.5.2 APLICAÇÕES UTILIZADAS PELOS DOCENTES NOS SEUS DISPOSITIVOS MÓVEIS

A pergunta 3 questionava os professores sobre as aplicações móveis que utilizavam frequentemente. Verificou-se que todos os professores utilizavam serviços de mensagens curtas e todos utilizavam serviços de chamadas nos seus telemóveis. Outras aplicações que destacaram foram o Chat on, SMS, E-mail, Whatsapp, Google playstore, opera mini, bible e Viber. Nos seus outros dispositivos móveis, disseram que utilizavam o iTunes, o uTorrent, a Playstore, o Adobe Reader, o connectify hotspot e o dropbox. A Tabela 4.6 abaixo mostra as aplicações mais utilizadas pelos professores.

Tabela 4.6 Aplicações utilizadas pelos docentes

Aplicação	Percentagem
SMS	82%
CHAMADAS	100%
Serviços Internet	53%
Aplicações Web 2.0	30%
Serviços multimédia	32%

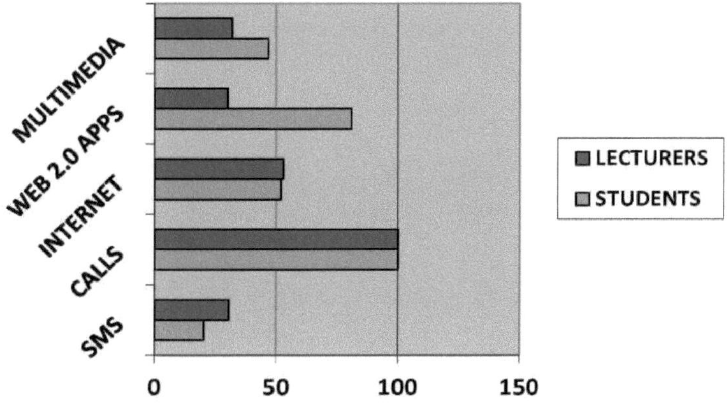

Fig 4.4 Aplicações utilizadas pelos estudantes e professores

4.5.3 Utilização das redes sociais pelos estudantes

Pergunta 15: Os estudantes foram questionados sobre a forma como comunicam com os seus colegas. 80% dos estudantes responderam que utilizam ferramentas Web móveis. A maior parte deles utiliza redes sociais como o Facebook e o Whatsapp. O quadro seguinte mostra as ferramentas Web móveis utilizadas pelos estudantes para comunicar

Quadro 4.7 Utilização das redes sociais pelos estudantes

CANDIDATURA	PERCENTAGEM
Whatsapp	91%
Twitter	50.5%
Facebook	83.6%
Viber	62.7%
Skype	26.9%

4.5.4 Utilização das redes sociais pelos docentes

Quando os professores foram questionados sobre as aplicações que utilizam nos seus dispositivos móveis, 64% disseram que utilizam ferramentas Web móveis. Os professores destacaram que utilizam as seguintes aplicações

Quadro 4.8 Utilização das redes sociais pelos docentes

APLICAÇÃO/FERRAMENTA	PERCENTAGEM
Whatsapp	42%
Twitter	17.9%
Viber	25%
Facebook	46.4%
Skype	21.4%

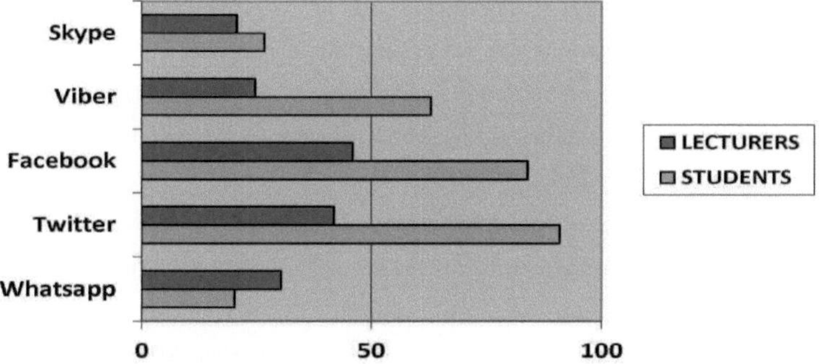

Fig 4.5 Utilização das redes sociais por estudantes e docentes

Na pergunta 4, perguntou-se aos professores quais os dispositivos que utilizavam para aceder à Internet e ao correio eletrónico. 26 dos professores afirmaram que utilizam os seus computadores de secretária ou portáteis no trabalho porque não têm acesso à Internet quando estão em casa. Apenas 15 confirmaram ter acesso à Internet quando não estão no campus.

4.5.5 UTILIDADE DOS DISPOSITIVOS E APLICAÇÕES MÓVEIS PARA FINS ACADÉMICOS

Opinião dos alunos

Na pergunta n.º 7, foi pedido aos estudantes que classificassem a utilidade dos dispositivos móveis e das aplicações para fins académicos. De acordo com os dados recolhidos, todos os estudantes afirmaram que são excelentes para facilitar o acesso aos trabalhos de curso e para aumentar a comunicação com outros estudantes. Todos os estudantes do quarto ano que responderam ao questionário afirmaram que melhora a comunicação com os professores e atribuíram-lhe uma classificação de 4 em 5. 40% dos inquiridos afirmaram que os dispositivos móveis são excelentes para facilitar a realização dos meus trabalhos de curso.

Da população-alvo, 32 pessoas afirmaram utilizar dispositivos móveis para fins académicos. Esta era a pergunta 8, que questionava a frequência com que utilizavam os dispositivos móveis para fins académicos. Todos os 32 estudantes afirmaram que utilizam os dispositivos móveis para aceder à Internet quando vão fazer a sua investigação, bem como para aceder a revistas de diferentes bibliotecas. Os outros 35 estudantes reconheceram que apenas utilizam os dispositivos móveis e as aplicações para fins pessoais e sociais.

Opinião dos professores

A pergunta 6 perguntava aos docentes se utilizavam dispositivos móveis para apresentar conteúdos aos estudantes. Apenas 3 inquiridos afirmaram utilizar o seu Ipad para fazer apresentações durante as aulas. 12 dos professores afirmaram utilizar os seus computadores portáteis para fazer apresentações em PowerPoint com um projetor. Alguns professores disseram que utilizam os seus computadores portáteis para carregar material na plataforma de e-learning. Alguns professores argumentaram que as tecnologias móveis são uma distração na sala de aula, enquanto 56% argumentaram que são importantes para o processo de ensino e aprendizagem.

4.5.6 COMUNICAÇÃO ENTRE ESTUDANTES E PROFESSORES

A pergunta número 14 questionava como é que os estudantes comunicam com os seus professores. 61 estudantes disseram que comunicam verbalmente, o que implica que os estudantes têm de procurar os seus professores fisicamente no seu gabinete para qualquer comunicação. 22 dos inquiridos afirmaram que comunicam através de chamadas telefónicas e e-mails.

A pergunta 8 do questionário dos docentes pretendia saber como é que os docentes comunicam com os seus alunos. 11 dos inquiridos disseram que comunicam através de e-mails e os outros 30 disseram que comunicam verbalmente.

4.5.7 A PLATAFORMA ELECTRÓNICA DE APRENDIZAGEM DA MSU

As perguntas 15 e 16 obtiveram informações sobre a utilização do sistema de aprendizagem eletrónica na MSU. 52 dos inquiridos reconheceram que os seus professores carregam material na plataforma de aprendizagem eletrónica. Perguntou-se aos estudantes com que frequência acedem às suas contas de aprendizagem eletrónica e como acedem às suas contas. 48 inquiridos afirmaram que acedem frequentemente às suas contas para aceder ao material dos módulos e aos trabalhos de curso. Dos 48 inquiridos, 26 disseram que utilizam os seus dispositivos móveis para aceder à plataforma eletrónica, enquanto os outros 22 disseram que utilizam as máquinas nos laboratórios ITS.

A questão 8 perguntava aos docentes se carregavam material na plataforma de aprendizagem eletrónica. 22 dos inquiridos reconheceram que carregavam material para os estudantes.

4.5.8 UTILIZAÇÃO DA BIBLIOTECA NA MSU

As questões 19, 20 e 21 perguntavam aos estudantes se utilizavam a biblioteca eletrónica para os seus trabalhos académicos. 31 estudantes afirmaram que utilizam a biblioteca eletrónica e que utilizam as bibliotecas electrónicas pelo menos duas vezes por semana para as suas pesquisas. Quando lhes foi perguntado quais as revistas a que recorrem mais, responderam: Emerald insight, Ebrary, Agora, Oxford journals, Institute of engineering and technology digital library, EBSCOHOST, Science finder e Cambridge university press journal.

4.6 RESULTADOS DA ENTREVISTA

O investigador teve uma entrevista com o diretor-adjunto do ITS (redes). O diretor-adjunto disse que a MSU estava a receber 300 MB de largura de banda. A maior parte da infraestrutura de rede está desactualizada e precisa de ser substituída. Disse também que precisamos de novos routers para podermos acomodar os grandes números que a MSU tem agora, para que a velocidade da Internet melhore. A MSU está a ter uma má conetividade WI-FI porque a maior parte dos pontos de acesso já não funcionam corretamente; estão a ser utilizados há mais de cinco anos e, por isso, têm de ser substituídos. Também referiu que, neste momento, temos mais de seis pontos de acesso que foram retirados por necessitarem de atualização de firmware. O diretor adjunto não pôde fornecer ao investigador o número de pontos de acesso de cada campus, mas sublinhou que o número de pontos de acesso não determina a qualidade do WI-FI nem o número de estudantes e professores que poderão ligar-se. O diretor adjunto não dispunha de estatísticas sobre o número de professores que carregam material na plataforma de aprendizagem eletrónica, mas comentou que apenas cerca de 50% dos professores utilizam a plataforma para carregar material para os alunos. Disse ainda que mais de 60% dos estudantes continuam a utilizar o sistema manual para efeitos de registo. Pensa que é por causa dos problemas de rede que os estudantes acabam por utilizar o sistema manual.

O investigador também realizou uma entrevista com o bibliotecário-adjunto. Este não pôde fornecer ao investigador estatísticas sobre o número de estudantes e professores que utilizam os recursos electrónicos. Argumentou que estas estatísticas não são consistentes, variam consoante os dias da semana e também consoante a universidade está aberta ou não. Disse ainda que apenas dispõem do número de cliques feitos em cada recurso e que, por isso, não podem dizer realmente quantos estudantes ou professores estão efetivamente a utilizar esses recursos. Com base no que disse, há recursos que não são específicos de uma área de estudo e que têm mais cliques do que os que são utilizados por uma área específica.

4.7 ANÁLISE DAS QUESTÕES DE INVESTIGAÇÃO
Esta investigação foi efectuada através de entrevistas e inquéritos por questionário para apurar os seguintes aspectos:

1. Estabelecer infra-estruturas e recursos de aprendizagem móvel disponíveis na Universidade Estatal de Midlands

2. Determinar o nível de actividades de aprendizagem móvel na Midlands State University

3. Identificar os desafios enfrentados pela Midlands State University ao implementar o mlearning no ensino e aprendizagem e apresentar possíveis soluções.

O investigador analisará e interpretará os resultados do estudo acima apresentado de modo a dar resposta às questões de investigação.

4.6.1 QUESTÃO DE INVESTIGAÇÃO 1
Que infra-estruturas e recursos de aprendizagem móvel estão disponíveis na Midlands State University?

Esta pergunta destinava-se a examinar a infraestrutura e os recursos de T.I. que a universidade possui e que podem ser utilizados para a aprendizagem móvel na Universidade Estatal de Midlands. O investigador tinha de recolher informações sobre a disponibilidade dos recursos necessários para a adoção do mlearning. O investigador tinha de examinar se os recursos são suficientes para uma implementação bem sucedida do mlearning.

Em primeiro lugar, o investigador teve de descobrir se os estudantes e os professores tinham dispositivos móveis que pudessem ser utilizados para o mlearning. A investigação foi efectuada e o investigador apresentou os dados recolhidos na tabela 4.2. Infelizmente, nem todos os estudantes têm acesso a um dispositivo de tecnologia móvel, apenas 81% possuem dispositivos móveis. A partir do inquérito, o investigador observou que as estudantes do sexo feminino possuem mais dispositivos móveis do que os estudantes do sexo masculino e também que os estudantes do último ano possuem mais dispositivos móveis do que os estudantes de outros níveis. Com os custos do hardware, a MSU não pode dar-se ao luxo de fornecer um computador pessoal a cada estudante. No entanto, a maioria dos estudantes tem telemóveis inteligentes, o que constitui uma verdadeira oportunidade para transformar o processo de ensino e aprendizagem.

54% dos professores da MSU possuem um computador portátil, um Tablet PC ou um smartphone. A universidade também não fornece dispositivos de tecnologia móvel ao pessoal docente; estes trazem os seus próprios dispositivos para o trabalho. Os dispositivos de tecnologia móvel são importantes porque facilitam o aspeto de aprendizagem móvel em qualquer lugar e a qualquer hora. Os dispositivos de tecnologia móvel permitem que os estudantes acedam ao material de aprendizagem a partir de qualquer lugar, sem fronteiras geográficas físicas.

Largura de banda da Internet

O investigador teve de descobrir se a universidade tinha largura de banda suficiente para a realização das actividades de mlearning. A partir da entrevista com o Diretor Adjunto da rede, o investigador concluiu que a largura de banda na MSU é de 300MB, o que é suficiente para as actividades de mlearning. Para que o mlearning seja bem sucedido, os alunos devem poder aceder aos materiais de aprendizagem sem restrições.

Infraestrutura de rede

O diretor-adjunto da rede, numa entrevista com o investigador, salientou que a MSU tem problemas de conetividade WI-FI porque a maior parte do equipamento de rede está desatualizado e é utilizado há muitos anos. O diretor-adjunto afirmou que a maior parte do firmware dos pontos de acesso está desatualizado e que, por isso, os estudantes não conseguem ligar-se ao WI-FI e que os pontos de acesso não conseguem transmitir o WI-FI. Prosseguiu, dizendo que mais de 6 pontos de acesso foram retirados de diferentes campi e aguardam substituição e outros têm de atualizar o firmware.

Estes resultados mostram que a conetividade à Internet é um problema na MSU que precisa de ser resolvido para que a implementação do mlearning seja um sucesso.

Acesso à ligação à Internet

O estudo analisou se os estudantes e os professores têm acesso à Internet quando não estão no campus, o que está representado no Quadro 4.3. 51,8% dos estudantes têm acesso à ligação à Internet 3G e 4G nos seus smartphones e tablets, mas os pacotes de dados são caros e, por isso, não podem utilizar a 3G ou a 4G para navegar na Internet ou realizar as suas pesquisas.

Apenas 37% dos estudantes têm acesso a ligação WI-FI quando se encontram fora do campus. Desses 37%, apenas 3% não ficam alojados nas residências universitárias. Apenas algumas pensões oferecem WI-FI. 9 % dos estudantes têm acesso a banda larga em casa, sendo estes os poucos estudantes que possuem os seus próprios modems de diferentes fornecedores de serviços Internet. Estes resultados indicam que a maioria dos estudantes, quando não estão no campus, só têm acesso à Internet através dos seus telemóveis, mas indicaram que não têm dinheiro para comprar pacotes de dados. Isto significa que apenas 12% dos estudantes que têm acesso a banda larga doméstica ou WI-FI conseguem aceder a material didático quando estão fora do campus. Para que a aprendizagem móvel seja um êxito, os estudantes e os professores devem ter sempre uma ligação à rede.

O quadro 4.3 mostra também os dados recolhidos sobre o acesso dos docentes à ligação à Internet quando estão fora do campus. Os quadros indicam que 64% dos docentes têm acesso a 3G e 4G através das suas redes de telecomunicações. 11% têm acesso à conetividade WI-FI e 32% à banda larga doméstica. Estas estatísticas implicam que a maioria dos professores tem acesso à conetividade à Internet, o que significa que podem verificar os seus e-mails, carregar conteúdos de aprendizagem ou mesmo descarregar material da Internet.

Sistema de gestão de aprendizagem

A partir da entrevista com o diretor-adjunto do ITS, o investigador descobriu que a universidade não dispõe de qualquer software de gestão do mlearning. Com o software de gestão de aprendizagem móvel, os alunos terão acesso completo às suas salas de aula virtuais e comunidades sociais a partir dos seus dispositivos tecnológicos móveis. Os sistemas de gestão da aprendizagem móvel também integram aplicações móveis para diferentes funções, por exemplo, para receber notificações.

4.6.2 QUESTÃO DE INVESTIGAÇÃO NÚMERO 2

Qual é o nível de actividades de aprendizagem móvel na Midlands State University?

O investigador teve de analisar a Universidade Estatal de Midlands e identificar as actividades de aprendizagem móvel em que estão envolvidos, caso existam. O investigador teve de descobrir como os estudantes e os professores estão a utilizar os seus dispositivos móveis e se os estão a utilizar para fins académicos.

Aplicações utilizadas por estudantes e professores nos seus dispositivos móveis

Para identificar as actividades em que os estudantes e os professores estão envolvidos, o investigador teve de começar por analisar as aplicações que os estudantes utilizam nos seus dispositivos móveis. Os resultados apresentados na tabela 4.4 mostram que os estudantes utilizam os dispositivos móveis sobretudo para fazer chamadas telefónicas, como indicado por todos os estudantes que responderam ao questionário. Apenas metade dos estudantes com dispositivos móveis os utiliza para navegar na Internet. Isto deve-se ao facto de os estudantes terem indicado que os pacotes de dados são caros e, por isso, não utilizam os seus smartphones para navegar na Internet. 96% dos estudantes utilizam mensagens instantâneas para comunicar com os seus colegas. 80% dos estudantes têm aplicações Web 2.0 nos seus dispositivos móveis. Os professores indicaram que todos eles utilizam os seus telemóveis para fazer chamadas telefónicas. 82% deles utilizam o serviço de mensagens curtas para comunicar e apenas 30% utilizam aplicações Web 2.0.

Utilização das redes sociais

A Tabela 4.7 indica as redes sociais que os estudantes estão a utilizar. 91,5 por cento dos estudantes utilizam o Whatsapp, uma aplicação de mensagens instantâneas que só pode ser utilizada se o dispositivo estiver online. A utilização desta aplicação é mais económica, uma vez que não consome pacotes de dados. Outras aplicações que os estudantes utilizam são o Facebook, o Twitter e o Viber. Os estudantes utilizam também o Skype, sobretudo para mensagens instantâneas, uma vez que não podem utilizar o serviço de chamadas em linha devido à velocidade da Internet e ao custo dos pacotes de dados.

A partir dos dados recolhidos, o investigador constatou que os estudantes utilizam mais as aplicações web2.0

do que as aulas teóricas. Aplicações como o facebook messenger, twitter, you tube e blogues também podem ser utilizadas para melhorar o ensino e a aprendizagem na Midlands State University. Os docentes devem adaptar-se à utilização de algumas destas aplicações para poderem comunicar com os estudantes e realizar debates.

Comunicação entre estudantes e professores

A partir dos dados recolhidos através dos questionários, o investigador constatou que os estudantes e os professores comunicam mais verbalmente. 61% dos estudantes disseram que têm de procurar os professores e falar com eles pessoalmente, enquanto 30 dos professores que responderam ao questionário disseram que utilizam a comunicação verbal com os estudantes. Os professores sublinharam que os estudantes abusam do seu número de telefone e endereço de correio eletrónico quando lhes dão os seus dados. Argumentaram que os estudantes utilizam indevidamente os seus contactos, por exemplo, um professor disse que alguns estudantes lhe telefonam a altas horas da noite só para perguntar se ele vem à aula no dia seguinte.

27% dos estudantes afirmaram que comunicam com os seus professores através de e-mails e chamadas telefónicas. Embora alguns professores prefiram a comunicação verbal, esta percentagem é baixa também porque alguns estudantes não têm acesso à Internet quando saem do campus. Para eles, é mais eficiente procurar o professor quando estão no campus para receberem a resposta nessa altura do que enviar um e-mail e esperar até ao dia seguinte para receberem a resposta.

Utilização de telemóveis para fins de aprendizagem

A Tabela 4.5 apresenta os dados recolhidos sobre a utilização de dispositivos móveis para fins de aprendizagem. A tabela mostra que 97% dos estudantes utilizam dispositivos móveis para fins de comunicação. Comunicam com os seus professores e colegas sobre tarefas, trabalhos de curso, dissertações, horários de aulas e locais de aulas. Os estudantes também utilizam os seus dispositivos móveis para descarregar material de aprendizagem das suas contas de e-learning, o que corresponde a 66% dos estudantes. Com a utilização da plataforma de e-learning, os estudantes podem aceder aos materiais de aprendizagem carregados pelos professores a partir de qualquer lugar e guardá-los nos seus dispositivos. 19% dos estudantes utilizam os seus dispositivos móveis para gravação. Gravam o professor quando este está a fazer uma apresentação e depois ouvem essas gravações. Por vezes, alguns estudantes não assistem às aulas e ouvem as gravações feitas pelos amigos. Alguns estudantes gravam vídeos durante as experiências para terem como referência os resultados obtidos.

Debates em linha

Os estudantes estão a realizar debates em grupo no Whatsapp, uma aplicação de mensagens instantâneas em linha. Os estudantes criam grupos na plataforma e adicionam membros que participam nos debates efectuados na plataforma e, assim, trocam informações. Os estudantes também criam grupos no Facebook, no Twitter e no Viber e têm debates que os ajudam nos seus currículos.

Recursos electrónicos

A Midlands State University subscreveu uma série de recursos electrónicos que permitem aos estudantes aceder a revistas e livros electrónicos para os seus estudos e investigações. De acordo com a entrevista com o bibliotecário adjunto, a maioria dos estudantes está a aceder aos recursos electrónicos, o que é comprovado pelo número de cliques nos recursos. O bibliotecário adjunto não pôde fornecer ao investigador dados estatísticos em números porque estes flutuam diariamente e as estatísticas não permitem distinguir o acesso por parte dos estudantes ou dos professores. O investigador observou que as estatísticas revelam um elevado número de cliques durante os dias úteis e nos períodos em que a universidade está aberta e um baixo número de cliques durante os fins-de-semana e nos períodos em que a universidade está fechada. As estatísticas também revelam um número baixo de cliques em recursos específicos de uma determinada área, por exemplo, a revista sobre bancos e finanças, e um número elevado de cliques em recursos que podem ser acedidos por estudantes de todas as faculdades, por exemplo, a emerald insight. Os estudantes podem aceder a estas bibliotecas electrónicas a partir de qualquer local, desde que tenham ligação à rede.

A partir dos dados recolhidos, a maioria dos estudantes do segundo ano e do último ano está a utilizar mais a biblioteca eletrónica do que os estudantes de todos os outros níveis. Isto deve-se principalmente ao facto de estes estudantes estarem a fazer os seus projectos e dissertações e, por conseguinte, estarem a fazer mais investigação. Os membros do pessoal também acedem às bibliotecas electrónicas. Alguns membros do pessoal não académico estudam em diferentes áreas e a maioria do pessoal académico da MSU estuda para obter o doutoramento.

Utilização do software Turnitin

O bibliotecário adjunto também comentou a utilização do software anti-plágio Turnitin, que chamou a atenção de mais de 30% dos estudantes nos últimos três meses. Com este software em funcionamento, os estudantes comunicam agora mais com os seus supervisores através de correio eletrónico. Os estudantes enviam agora os seus trabalhos de dissertação ou tarefas aos seus professores através do software Turnitin. Já não precisam de enviar materiais em papel. Assim, com o software Turnitin, os estudantes podem apresentar os seus trabalhos a partir de qualquer lugar, não precisam de estar no campus para entregarem os seus trabalhos.

Utilidade dos dispositivos e aplicações móveis para fins académicos

O investigador recolheu dados para compreender o que os estudantes da MSU pensam do mlearning. 48% dos estudantes reconheceram que utilizam os seus dispositivos móveis para fins académicos. A partir dos dados recolhidos no inquérito, os estudantes afirmaram que a utilização de dispositivos móveis na aprendizagem lhes facilita o acesso aos materiais de aprendizagem e aos trabalhos do curso. A maioria dos estudantes do último ano afirmou que a comunicação com os seus supervisores e colegas melhorou. Os estudantes indicaram que utilizam os seus dispositivos móveis para aceder à Internet para fins de investigação, descarregar material didático do e-learning, escrever os seus trabalhos e concluir os seus cursos.

Alguns estudantes que participaram no inquérito, na sua maioria da faculdade de educação, afirmaram que não utilizam dispositivos móveis para fins académicos. 21% dos estudantes afirmaram que os dispositivos móveis são complicados e não são fáceis de utilizar. Alguns destes estudantes também não utilizam a biblioteca eletrónica, pois consideram que não é necessário alterar o sistema antigo, uma vez que este ainda funciona e produz resultados para eles.

56% dos professores reconheceram que utilizam os seus dispositivos móveis para fornecer conteúdos aos estudantes. Reconheceram que a utilização de dispositivos móveis ajuda os estudantes a aumentar os seus conhecimentos nas suas áreas de estudo, uma vez que podem aceder aos seus materiais de aprendizagem em qualquer altura e têm esses recursos consigo nos seus aparelhos.

26% dos professores afirmaram que os dispositivos móveis distraem os alunos da atenção na aula e que não querem dispositivos móveis durante as aulas. Alguns professores afirmaram que dizem aos seus alunos para desligarem os telemóveis e quaisquer dispositivos que tenham durante as aulas. 37% dos professores argumentaram que a utilização de dispositivos móveis na apresentação de conteúdos ajuda a dar uma representação visual que facilita a compreensão dos alunos.

4.6.3 QUESTÃO DE INVESTIGAÇÃO 3

Quais são os desafios enfrentados pela Midlands State University ao implementar o mlearning no ensino e na aprendizagem?

O investigador teve de descobrir os desafios que a MSU está a enfrentar na aprendizagem móvel. Se a MSU adoptou a aprendizagem móvel, o que é que os estudantes e professores enfrentam que os impede de a implementar plenamente no ensino e na aprendizagem. Foram identificados vários factores que limitam a utilidade das tecnologias móveis no ensino e na aprendizagem na Universidade Estatal de Midlands.

Custo dos dispositivos móveis

A universidade estatal de Midlands está a adotar a política de trazer o seu próprio dispositivo (BYOD). A instituição não fornece aos estudantes dispositivos móveis para utilização, apenas dispõe de laboratórios onde os estudantes podem aceder à Internet. 10 dos inquiridos invocaram o elevado custo dos dispositivos móveis, uma vez que a universidade não os pode fornecer aos estudantes. Alguns dos estudantes não têm dinheiro para comprar computadores portáteis, smartphones ou tablets.

Problemas de conetividade WI-FI

Para que o mlearning seja bem sucedido, os estudantes precisam de ter conetividade à rede onde quer que estejam. Neste momento, a Universidade Estatal de Midlands tem problemas de conetividade Wi-Fi porque a maioria dos pontos de acesso estão desactualizados e são utilizados há mais de 5 anos sem atualização do firmware. Alguns dos pontos de acesso que estão a funcionar corretamente são, por vezes, afectados pelas condições meteorológicas, por conflitos de canais e, por vezes, os estudantes não conseguem estabelecer ligação devido à distância entre o dispositivo móvel e o ponto de acesso.

Custo da utilização da Internet

Os estudantes afirmam que não podem adotar o mlearning devido aos elevados custos dos pacotes de dados. A maior parte dos estudantes que ficam fora do campus utilizam o 3G nos seus telemóveis para se ligarem à Internet. Os pacotes de dados são caros e, por isso, os estudantes não podem utilizar os seus smartphones para navegar na Internet, mas apenas para determinadas aplicações. Não têm acesso a WI-FI ou à banda larga doméstica, apenas os que ficam nas residências universitárias têm acesso a WI-FI. Os estudantes também disseram que não têm dinheiro para comprar modems. O custo dos pacotes de dados impede os estudantes de acederem a alguns programas e aplicações que podem ser úteis para a sua aprendizagem.

Custos elevados da banda larga

A banda larga móvel ou fixa continua a ser muito cara no Zimbabué, de tal forma que apenas algumas pessoas têm ligações domésticas de banda larga. Os custos da conetividade são elevados. De acordo com os dados recolhidos, apenas 13% dos estudantes têm acesso a banda larga em casa. Isto significa que, quando os estudantes saem do campus, não conseguem aceder ao material didático da rede.

Velocidades lentas da Internet

A velocidade lenta da Internet é outra questão salientada pelos estudantes. 39 dos questionários devolvidos referem que a conetividade da rede é má na MSU e 37 dos estudantes referem que a ligação WI-FI é má e está quase sempre em baixo. A velocidade da Internet impossibilita a utilização de algumas aplicações, como o Skype. Os estudantes querem fazer videoblogging e descarregar tutoriais em vídeo do you tube relacionados com os seus trabalhos de casa. A partir da entrevista com o diretor-adjunto da rede, o investigador constatou que a baixa velocidade da Internet é causada pelos routers que a instituição tem neste momento. Para que o mlearning seja um sucesso, é necessário um fluxo ininterrupto de Internet.

Falta de conhecimento

Alguns professores e estudantes não conhecem a capacidade dos seus telemóveis ou dispositivos móveis. Alguns dos que possuem telemóveis inteligentes utilizam-nos apenas para chamadas e mensagens de texto, porque não conhecem outras funções que os seus telemóveis podem desempenhar. Não conhecem todas as aplicações suportadas pelos seus telemóveis inteligentes. Alguns professores e estudantes não sabiam o que era um telemóvel inteligente e, por isso, não faziam ideia do tipo de telemóvel que possuíam. Isto significa que estes dispositivos estão a ser subutilizados. Alguns estudantes afirmaram não possuir um telemóvel inteligente na pergunta 2, mas continuaram a dizer que utilizam algumas aplicações nos seus telemóveis que só podem ser acedidas utilizando um telemóvel inteligente, o que mostrou ao investigador que alguns dos inquiridos não sabiam o que é um telemóvel inteligente.

Alimentação do computador portátil

A duração da bateria é outro fator que afecta a adoção do mlearning e este foi um ponto levantado em 8 questionários. Os alunos afirmaram que acabam por recorrer a computadores de secretária devido à duração da bateria. Alguns estudantes afirmaram que não precisam do mlearning porque, assim que saem da sala de aula, não têm qualquer comunicação com os professores e, por isso, aprendem quando estão no campus.

Resistência à mudança

Alguns estudantes são resistentes à passagem do e-learning para o mlearning. 3 inquiridos afirmaram que nos sentimos confortáveis com a forma de ensino e aprendizagem do e-learning e que não há necessidade de adotar o mlearning. Alguns inquiridos afirmaram que não utilizam os seus dispositivos móveis para fins académicos. Dois estudantes da faculdade de educação afirmaram que a adoção de tecnologias móveis complica os seus estudos e, por isso, consideram que não há necessidade de adotar dispositivos móveis. Consideram que os dispositivos de tecnologia móvel não são fáceis de utilizar e não estão familiarizados com este novo sistema de aprendizagem.

Atitude negativa

Alguns professores têm uma atitude negativa em relação à aprendizagem móvel. Não permitem que os alunos utilizem dispositivos móveis na sala de aula. Alguns pedem aos alunos que os desliguem completamente durante as aulas. Em primeiro lugar, os professores precisam de compreender os benefícios da utilização das tecnologias móveis no ensino e na aprendizagem.

Custo de algumas aplicações móveis

A pergunta 11 perguntava aos professores se utilizavam aplicações móveis para fornecer conteúdos aos alunos e alguns disseram que algumas das aplicações de que necessitam para ensinar e aprender são vendidas e, portanto, caras para eles. A maioria das aplicações está disponível na Google Playstore, mas é necessário comprá-las para ter acesso a elas.

Espaço de memória limitado

Um bom número de estudantes afirmou utilizar os seus telemóveis para guardar ficheiros. A maioria destes aparelhos tem um espaço de armazenamento limitado. Alguns estudantes disseram que não podem instalar aplicações que precisam de utilizar para aprender, porque o espaço de memória é limitado, pelo que não têm espaço suficiente, uma vez que também querem guardar as suas notas de aula, pesquisas de diferentes revistas e livros de texto.

Privacidade

Na pergunta 8, perguntava-se aos docentes como comunicavam com os seus alunos e porquê. Alguns dos docentes, sobretudo do sexo masculino, afirmaram que não querem que os alunos tenham os seus dados de contacto, sobretudo os números de telefone, porque abusam deles. Explicaram que alguns estudantes lhes telefonam a horas tardias e que a maior parte deles não tem uma boa razão para telefonar. Um professor disse que um estudante lhe telefonou às 22 horas só para perguntar se tinham uma aula na manhã seguinte. Alguns professores disseram que os estudantes lhes enviam por vezes mensagens de texto que nada têm a ver com o seu trabalho académico.

Tamanhos de ecrã

Alguns estudantes afirmaram que não conseguem ler nos seus dispositivos móveis durante muito tempo devido ao tamanho dos ecrãs. Os professores também corroboraram esta afirmação quando argumentaram que o tamanho do texto é desconfortavelmente pequeno e difícil de ler durante períodos prolongados.

Falta de conhecimentos especializados

A maior parte dos docentes apenas consegue utilizar as funções básicas dos dispositivos de tecnologia móvel que possuem. Não sabem ir além da simples abertura de correio eletrónico, da navegação na Internet e da digitação de documentos. Os professores precisam de alguma formação sobre como utilizar estes dispositivos na sala de aula. Também precisam de conhecer os benefícios da adoção de dispositivos de tecnologia móvel no ensino e na aprendizagem.

4.7 PRINCIPAIS CONCLUSÕES

Neste estudo, o investigador constatou que:

1. 81% dos estudantes da MSU possuem dispositivos móveis, incluindo computadores portáteis, smartphones e tablets.

2. 54% dos professores também possuem dispositivos móveis como computadores portáteis, smartphones e tablets

3. A conetividade WI-FI é um problema na MSU, os pontos de acesso são poucos neste momento e alguns não estão a funcionar corretamente.

4. A maioria dos estudantes e professores não tem ligação à rede em casa, pelo que, quando saem dos campus da MSU, não conseguem aceder a qualquer material de aprendizagem ou mesmo às suas contas de e-learning.

5. A universidade não dispõe atualmente de nenhum sistema móvel de gestão da aprendizagem

6. Já existem algumas actividades de aprendizagem móvel na MSU, que incluem o carregamento de material na plataforma de aprendizagem eletrónica, o descarregamento de material de aprendizagem, a navegação na Internet para pesquisa, as discussões em linha dos estudantes e o acesso a recursos electrónicos da biblioteca eletrónica da MSU, entre outros.

7. A universidade tem largura de banda suficiente para a transmissão rápida e ininterrupta de quaisquer actividades de aprendizagem móvel

8. A infraestrutura de rede da MSU precisa de ser actualizada

9. A MSU está a enfrentar uma série de desafios na implementação do mlearning, que incluem o custo dos dispositivos móveis, o custo dos pacotes de dados, a resistência à mudança, a atitude negativa dos professores, a falta de conhecimento e a baixa velocidade da Internet, entre outros

10. Do ponto de vista administrativo, o registo também é feito através da aprendizagem móvel. Os alunos utilizam os seus smartphones para se registarem, para as eleições do SRC, para acederem aos resultados, ao calendário dos exames, às declarações financeiras e às notas dos trabalhos do curso, entre outros.

4.8 DISCUSSÃO

Não há dúvida de que as tecnologias móveis estão a transformar o sector da educação. Os resultados da investigação mostram que existem algumas actividades de aprendizagem móvel na Universidade Estatal de Midlands. Os estudantes e os professores dispõem de dispositivos de tecnologia móvel para utilizar na aprendizagem móvel, incluindo computadores portáteis, tablets, PCs e smartphones. O investigador notou que alguns inquiridos afirmaram não possuir smartphones, mas, por outro lado, destacaram que utilizam algumas aplicações que só podem ser utilizadas em smartphones. Isto implica que alguns inquiridos não sabiam o que é um smartphone. As pessoas partem do princípio de que só os Samsung Galaxy e os IPhones são smartphones. Alguns possuíam telemóveis, mas, por terem acesso à Internet, responderam que tinham smartphones. O investigador também notou que os estudantes possuem mais dispositivos móveis do que os professores. Houve uma iniciativa do vice-reitor para garantir que o pessoal docente da MSU tivesse computadores portáteis, uma vez que a universidade não tinha dinheiro para comprar um para cada professor. O Vice-Reitor fez um acordo com a Firstel para fornecer computadores portáteis a todo o pessoal da MSU em condições de crédito. Os computadores portáteis seriam adquiridos sem depósito e o custo seria repartido por 6 meses. A maioria dos professores tem computadores de secretária da universidade e, para eles, são suficientemente bons, não vendo a necessidade de comprar computadores portáteis, tablets ou quaisquer outros dispositivos móveis. Alguns deles, especialmente da faculdade de educação, têm problemas em utilizar esses computadores de secretária, pelo que consideram que os dispositivos móveis podem ser mais complicados para eles. Para apoiar a aprendizagem móvel, os chefes de departamento, ou seja, os decanos, os directores e os directores principais recebem computadores portáteis da MSU.

Os estudantes que não podem trazer os seus próprios dispositivos na MSU estão a ser deixados de fora, uma vez que a instituição não pode fazer nada a esse respeito. A política de trazer os seus próprios dispositivos só é boa para aqueles que podem pagar os dispositivos; os que não podem não têm a oportunidade de usufruir da educação de que outros beneficiam. Aqueles que não têm acesso a dispositivos móveis têm de confiar nos colegas que possuem um para partilhar com eles os recursos e o material de aprendizagem a que têm acesso. Situações como esta existem em todo o mundo, em que as universidades não são capazes de fornecer tecnologias móveis aos seus estudantes. Na América Latina, o governo criou um programa em que dá a cada estudante um computador portátil como forma de integrar as TIC na sala de aula. Os estudantes, bem como os seus professores, receberam um computador portátil ou um netbook que podem utilizar tanto nas aulas como em casa. Na Colômbia e no Chile, as empresas de telecomunicações estão a trabalhar em conjunto com o governo para fornecer dispositivos móveis a estudantes e professores. Uma empresa chamada BridgeIT tinha um projeto em que os professores recebiam smartphones para acederem a uma biblioteca com vídeos educativos e, em alguns casos, serviços de Internet (Jara et al 2012).

Os resultados deste estudo mostraram que tanto os estudantes como os professores estão a utilizar dispositivos móveis para o ensino e a aprendizagem, mas os níveis diferem entre os dois grupos. A maioria dos professores não utiliza os seus dispositivos móveis para transmitir conteúdos aos estudantes. Utilizam os seus dispositivos para navegar na Internet, verificar os seus e-mails, carregar material para os alunos, pesquisar e fazer apresentações nas aulas. É importante que os professores da MSU criem novas formas de ensino e aprendizagem que envolvam a utilização destas tecnologias móveis. É necessário utilizar estes dispositivos e incluí-los nos diferentes programas curriculares. Com base nas informações recolhidas, a maioria dos estudantes utiliza os seus dispositivos móveis para fins académicos. É necessário utilizar plenamente estes aparelhos, para que não sejam utilizados apenas para escrever trabalhos e aceder à Web. Tanto os estudantes como os professores utilizam aplicações da Web 2.0, redes sociais e aplicações de mensagens instantâneas. Estas aplicações podem ser adoptadas no processo de ensino e aprendizagem. Os professores podem carregar material para os alunos no facebook e podem comunicar e obter respostas mais rapidamente porque os alunos estão sempre ligados a estes sítios. Os resultados deste estudo também mostram que os estudantes passam a maior parte do tempo em sítios de redes sociais, o que também é corroborado por um estudo da UNESCO que mostrou que a maioria das pessoas que utilizam dispositivos móveis os utilizam sobretudo para aceder a sítios de redes sociais. Estes sítios de redes sociais oferecem oportunidades de aprendizagem móvel que devem ser exploradas. Na África do Sul, os professores e os alunos partilham recursos e apoio em discussões abertas, sobretudo entre pessoas que não se encontram na mesma área geográfica. Estão a tirar partido do Mxit, uma aplicação que quase todos os jovens têm nos seus telemóveis para mensagens de chat instantâneas, para ajudar os que estão a estudar matemática. Todos os que têm a aplicação podem aceder a recursos e exercícios que os ajudam a fazer a disciplina (Isaacs 2012).

O aspeto da mobilidade do mlearning é um problema para alguns estudantes. Os estudantes sentem que os dispositivos móveis estão a substituir os professores; disseram que queriam que o professor lhes explicasse tudo, mas agora os professores apenas carregam o material e dizem-lhes para lerem sozinhos. Isto está a causar resistência ao mlearning, uma vez que os estudantes sentem que está a substituir o sistema de aprendizagem presencial. Alguns estudantes consideram que o mlearning poupa tempo e ajuda-os a melhorar os seus conhecimentos sobre alguns dos seus módulos.

Os resultados também mostram que a conetividade com a Internet é um problema para os estudantes, uma vez que o acesso Wi-Fi no campus está quase sempre em baixo. Alguns estudantes disseram mesmo que não sabiam que o Wi-Fi ainda estava disponível e o investigador observou que isto foi dito por estudantes que têm as suas aulas no campus principal. É necessária uma nova infraestrutura de rede, uma vez que a maioria dos routers já não funciona corretamente. Deveria haver conetividade nos locais onde se encontram os estudantes e os professores. Atualmente, existem poucos pontos de acesso no campus, o que faz com que apenas um número limitado de estudantes possa ligar-se à rede Wi-Fi. Os estudantes que ficam fora do campus não conseguem ligar-se à Internet quando saem do campus, pelo que a aprendizagem móvel não pode ser bem sucedida nessas circunstâncias.

A partir da informação recolhida, o investigador constatou que a comunicação entre estudantes e professores continua a ser má. É necessário melhorar as linhas de comunicação entre estudantes e professores. Com o mlearning, os estudantes precisam de comunicar com os seus professores mesmo quando não estão no campus. De acordo com Armataset al (2005), algumas instituições terciárias estão a utilizar serviços de mensagens curtas para comunicar com os seus estudantes, principalmente para fins administrativos. A maioria dos estudantes destas universidades possui atualmente telefones inteligentes, pelo que a comunicação por SMS se torna eficaz. Os SMS são enviados aos estudantes quando o material didático lhes é enviado. Também recebem mensagens que os recordam das datas de entrega dos trabalhos e os informam quando saem os resultados dos exames.

Os estudantes foram questionados sobre as vantagens da utilização de dispositivos móveis na aprendizagem e 90% dos inquiridos afirmaram que o mlearning lhes permite flexibilidade, o que é proporcionado pela caraterística de mobilidade de aprender a qualquer hora e em qualquer lugar, sem fronteiras geográficas. Tanto os estudantes como os professores concordaram que o mlearning ajuda a fornecer material de aprendizagem onde quer que os estudantes estejam, desde que haja ligação à rede. Mais de 50% concordaram também que o mlearning ajuda a melhorar a comunicação com outros estudantes e também entre estudantes e professores. Em última análise, os estudantes e os professores podem tomar melhores decisões. Com a utilização da conetividade móvel em telemóveis e tablets, os estudantes e os professores conseguem equilibrar o seu tempo social, a vida profissional e os trabalhos escolares. De acordo com uma investigação realizada por Motiwalla (2007), os estudantes afirmaram que o mlearning lhes permite aceder a material de aprendizagem sem restrições de localização geográfica, uma vez que a conetividade é instantânea e já não existem restrições à aprendizagem.

A maioria dos estudantes da MSU utiliza o sistema de aprendizagem eletrónica Changamire. O mlearning é apenas uma extensão do sistema de elearning. Com o sistema de e-learning não há comunicação individual entre o aluno e o professor. O sistema de e-learning não está a ser totalmente utilizado na MSU. A aprendizagem móvel permite a flexibilidade da aprendizagem a qualquer hora e em qualquer lugar, por exemplo, em vez de estar no campus todos os dias, é possível aceder ao material de aprendizagem no conforto da sua casa ou comunicar com os tutores a partir de casa.

É necessário um sistema de gestão da aprendizagem móvel que permita aos estudantes aceder ao seu material de aprendizagem em qualquer lugar. Os estudantes não precisam de se limitar a enviar e receber mensagens e a ler PDFs nos seus dispositivos móveis. Eles querem ler todos os recursos do curso, ver o calendário do curso, fazer actividades interactivas, fazer avaliações e receber feedback, e participar na aprendizagem social. Existem muitas plataformas de mlearning disponíveis, nomeadamente mobl21, mEKP (Mobile Enterprise Knowledge Platform), Certpoint e Saml, entre outras.

Foram salientados os desafios que estão a afetar o ritmo a que o mlearning está a ser adotado na MSU. Alguns estudantes disseram que não têm dinheiro para comprar dispositivos móveis e outros disseram que não têm dinheiro para comprar pacotes de dados para poderem utilizar a conetividade 3G ou 4G nos seus smartphones. A conetividade da rede é um dos grandes problemas que a MSU enfrenta atualmente, uma vez que os pontos de acesso são escassos nos campi porque alguns foram retirados por estarem desactualizados e não funcionarem corretamente. A falta de conhecimento é outro fator que o investigador observou. Estes dispositivos móveis estão a ser subutilizados porque tanto os professores como os estudantes não sabem como utilizá-los para melhorar o ensino e a aprendizagem. De acordo com uma investigação efectuada pela UNESCO, os professores não estão conscientes dos contributos positivos da utilização de dispositivos móveis no ensino e na aprendizagem. Alguns professores têm uma atitude negativa em relação à utilização de tecnologias móveis na sala de aula. Na África do Sul, houve alguns casos relatados pelos meios de comunicação social que mostravam que os alunos estavam a utilizar indevidamente estes dispositivos móveis. Alguns enviavam mensagens de intimidação a outros estudantes, outros utilizavam estes dispositivos móveis para fazer batota nos exames e outros acediam a material pornográfico (Shafika Isaacs2012).

4.9 CONCLUSÃO

Este estudo foi um sucesso porque o investigador conseguiu reunir informações sobre as actividades de aprendizagem móvel em que a MSU está envolvida neste momento, os recursos e infra-estruturas disponíveis para utilização na aprendizagem móvel, bem como os desafios enfrentados pela MSU na implementação da aprendizagem móvel. O próximo tópico apresentará a conclusão deste estudo e delineará recomendações e investigação futura.

CONCLUSÃO, RECOMENDAÇÕES E INVESTIGAÇÃO FUTURA
INTRODUÇÃO

Este estudo foi realizado com o objetivo de investigar a infraestrutura e os recursos de que a MSU dispõe para a utilização da aprendizagem móvel, identificar quaisquer actividades de aprendizagem móvel em que a MSU esteja envolvida neste momento, identificar os desafios que a MSU enfrenta na implementação da aprendizagem móvel e apresentar recomendações que constituam soluções para os desafios enfrentados pela MSU. O investigador recolheu dados através da utilização de questionários e entrevistas e analisou os dados recolhidos. Assim, este capítulo resume os resultados analíticos do estudo e apresenta as conclusões que foram retiradas do inquérito. O investigador apresentou as recomendações para possíveis acções da Direção da Universidade Estatal de Midlands.

CONCLUSÕES

A partir dos resultados deste estudo, o investigador chegou às seguintes conclusões

- Os estudantes e professores da MSU têm os dispositivos móveis necessários para o mlearning. A universidade não fornece dispositivos móveis aos estudantes e professores, mas adoptou a política de trazer o seu próprio dispositivo

- Os estudantes da MSU estão dispostos a adotar a aprendizagem móvel, como se pode ver pelo ritmo a que utilizam os seus dispositivos móveis pessoais para fins académicos.

- Os professores da MSU estão relutantes em adotar a aprendizagem móvel e em incluir os dispositivos móveis nos currículos de ensino e aprendizagem. Precisam de encontrar novas formas de ensino e aprendizagem que envolvam dispositivos móveis, uma vez que estes estão a atrair a atenção da maioria dos jovens que frequentam o ensino superior atualmente.

- As infra-estruturas e os recursos necessários para o mlearning estão disponíveis na MSU, mas alguns deles precisam de ser actualizados, outros precisam de ser substituídos por estarem desactualizados.

- A instituição dispõe de largura de banda suficiente para a transmissão rápida e ininterrupta de actividades de aprendizagem móvel.

- A aprendizagem móvel não pode ser totalmente implementada na MSU devido a problemas de rede que afectam os estudantes e os professores. A maioria dos estudantes e professores não têm acesso à rede quando saem dos campus universitários e, por isso, a aprendizagem móvel não é possível.

- A conetividade WI-FI é um problema na MSU. Os pontos de acesso são poucos e alguns deles precisam de ser substituídos.

- É necessário adquirir novas infra-estruturas de rede, como routers, para se adaptar ao grande número de inscritos na MSU, de modo a que a velocidade da rede permita actividades de aprendizagem móvel.

- A MSU adoptou a aprendizagem móvel até certo ponto, uma vez que há actividades em que estão envolvidos neste momento, embora a maioria das actividades só seja realizada quando os estudantes e os professores estão no campus.

- Há uma série de desafios que afectam a implementação da aprendizagem móvel na MSU, a maioria dos quais pode ser resolvida e a aprendizagem móvel pode ser um sucesso na MSU.

RECOMENDAÇÕES

Para que a MSU ultrapasse os desafios que enfrenta na implementação e adoção da aprendizagem móvel, as seguintes recomendações devem ser consideradas pela administração da Midlands State University, uma vez que estão em linha com os resultados e conclusões da investigação

ACTUALIZAÇÃO DO EQUIPAMENTO DE REDE

É necessário atualizar algum do equipamento de rede da MSU, uma vez que esta é a causa de alguns dos problemas de Internet que a universidade está a enfrentar. Alguns dos routers têm de ser substituídos para garantir velocidades de Internet mais rápidas. É também necessário atualizar o firmware da maioria dos nossos pontos de acesso. O firmware está desatualizado e, por isso, por vezes os pontos de acesso não estão a transmitir Wi-Fi, pelo que não podem ser vistos, e por vezes os estudantes não conseguem ligar-se a esses pontos de acesso. Alguns destes equipamentos de rede estão a ser utilizados há mais de 5 anos.

ADOPÇÃO DE APLICAÇÕES WEB 2.0

Os professores devem adaptar-se à utilização de aplicações web2.0, uma vez que estas facilitam o ensino e a aprendizagem. A maioria dos estudantes já utiliza estas aplicações, por exemplo, os blogues. Os blogues permitem que os professores e os alunos colaborem, partilhem material didático, criem conteúdos didácticos e possam ligar-se aos principais sites de redes sociais, como o YouTube e o Twitter, e tudo isto pode ser feito numa página centralizada a que todos podem aceder. Os alunos podem descarregar vídeos tutoriais e debater com o professor, que também pode contribuir. Muitas aplicações podem ser utilizadas para fins educativos, como, por exemplo, a dropbox, onde os estudantes e os professores podem partilhar ficheiros e realizar debates. Podem também utilizar aplicações de mensagens instantâneas como o gtalk e o yahoo messenger para melhorar a comunicação.

SISTEMA MÓVEL DE GESTÃO DA APRENDIZAGEM

A universidade deve adquirir um sistema móvel de gestão da aprendizagem, pois existem vários disponíveis. A Universidade Estatal de Midlands tem programadores de software internos; eles poderiam desenvolver o sistema, uma vez que também foram capazes de desenvolver o sistema de aprendizagem eletrónico changamire que a universidade está a utilizar neste momento.

FORMAÇÃO DO PESSOAL

O sucesso da implementação do mlearning depende mais dos professores. É necessário formar os professores sobre como utilizar estes dispositivos móveis para melhorar o ensino e a aprendizagem. Os professores têm os dispositivos móveis, mas não sabem como utilizá-los e também não conhecem as aplicações disponíveis que podem utilizar para fins académicos. O nível de literacia dos professores determina o ritmo a que incluem a utilização de dispositivos de tecnologia móvel nos seus currículos.

PERMITIR A UTILIZAÇÃO DE DISPOSITIVOS MÓVEIS NA AULA

Os alunos devem ser autorizados a utilizar os seus dispositivos de tecnologia móvel na sala de aula. Os dispositivos podem ser úteis no ensino e na aprendizagem de várias formas. Os alunos podem gravar as aulas enquanto estão a ser dadas e depois vê-las durante as suas sessões de estudo. Podem também gravar vídeos, publicá-los nos seus diferentes blogues e debater com os outros colegas

ESTRUTURAR A APRENDIZAGEM MÓVEL NOS PROGRAMAS CURRICULARES

A aprendizagem móvel deve ser integrada na estratégia de aprendizagem da universidade. É necessário adaptarmo-nos às novas formas de ensino e aprendizagem. Os professores devem incluir actividades de aprendizagem móvel no seu currículo, de modo a garantir a sua implementação. As actividades de aprendizagem móvel devem fazer parte das linhas gerais dos módulos. A aprendizagem móvel deve complementar o sistema de aprendizagem existente, não o deve substituir.

ADOPTAR A APRENDIZAGEM INVERTIDA

Os professores devem adotar a aprendizagem invertida, através da qual carregam mais material para que os alunos descarreguem e estudem por si próprios, de modo a que, quando chegam à aula, haja mais discussão do que apresentação. Os alunos podem ver vídeos feitos pelos professores antes de irem para a aula.

PROMOVER A APRENDIZAGEM MÓVEL

A universidade deve criar técnicas de sensibilização sobre o mlearning. A universidade deve incentivar os pais a comprarem dispositivos de tecnologia móvel para os seus filhos durante o período de orientação. Alguns dos pais não sabem que estes dispositivos são utilizados para fins académicos. Isto poderia aumentar o número de estudantes que possuem dispositivos móveis, para que mais estudantes possam também experimentar esta oportunidade educativa. Os alunos também devem ser incentivados a utilizar mais estes dispositivos para fins académicos e a adotar diferentes formas de os utilizar na aprendizagem.

APOIO DE TODA A ORGANIZAÇÃO

Todos na instituição devem desempenhar o seu papel para que o mlearning seja um êxito. O pessoal não académico deve compreender o seu papel, por exemplo, o pessoal de I.TS deve assegurar um tempo de funcionamento da rede de 99,99999%, para que os estudantes e os professores possam aceder sempre ao material de aprendizagem.

DESENVOLVER APLICAÇÕES MÓVEIS

A universidade deve criar as suas próprias aplicações móveis que ajudem os estudantes nos seus módulos. As aplicações devem poder ser executadas em todos os softwares, por exemplo, androide, para que aqueles que têm smartphones que funcionam com androide possam instalá-las. Estas aplicações devem poder ser executadas tanto em linha como fora de linha. Os alunos podem descarregar exercícios que podem fazer enquanto estão em casa e, quando estiverem online, a aplicação deve sincronizar o trabalho que fizeram enquanto estavam offline.

INVESTIGAÇÃO FUTURA RECOMENDADA

O investigador apresentou sugestões para investigação futura sobre a utilização de dispositivos de tecnologia móvel no sector da educação. É necessário analisar melhor a eficácia da aprendizagem móvel no ensino e na aprendizagem. A eficácia da aprendizagem móvel pode variar consoante a área de estudo. Também é necessário centrar-se em áreas de estudo específicas e analisar o impacto dos dispositivos de tecnologia móvel no ensino e na aprendizagem nessas áreas.

CONCLUSÃO

As tecnologias móveis oferecem claramente oportunidades no sector da educação, apesar de representarem limitações tanto para os estudantes como para os professores. Os resultados deste estudo mostram que as tecnologias móveis podem ser utilizadas para melhorar o ensino e a aprendizagem. A adoção plena do mlearning alargará as oportunidades para a Universidade de Moscovo, por exemplo, o ensino aberto e à distância. Com a utilização de tecnologias móveis, a MSU pode oferecer um ensino de qualidade e eficaz através de salas de aula virtuais. A Universidade Estatal de Midlands já está a enfrentar problemas de escassez de espaço no campus, pelo que a implementação do ensino aberto e à distância ajudará a colmatar essa lacuna e também proporcionará mais receitas à instituição. Os desafios existem, mas os resultados da investigação e dos projectos de outras instituições que adoptaram o mlearning mostram que os estudantes, os professores e a administração da instituição estão a explorar formas de utilizar eficazmente os dispositivos tecnológicos, de modo a aumentar a produtividade dos professores e os resultados dos estudantes.

REFERÊNCIAS

Armatas,C,. Holt,D,. e Rice,M,. (2005), Balancing the possibilities for mobile technologies in higher education ascilite 2005: Equilíbrio, Fidelidade, Mobilidade: manter a dinâmica

Attewell, J. (2005), Mobile Technologies and Learning: A technology update and m-learning project summary. Londres: Learning and Skills Development Agency. Jornal do Centro de Investigação em Tecnologia Educativa

Black, T. R. (1999) Doing quantitative research in the social sciences: An integrated approach to research design, measurement, and statistics. Thousand Oaks, CA: SAGE Publications, Inc.

Bosch, T. E. (2009). Utilização das redes sociais em linha para o ensino e a aprendizagem: Utilização do Facebook na Universidade da Cidade do Cabo. Communication, South African Journal for Communication Theory and Research, Volume 35 (2)

Byron, I. & Gagliardi. R. (2002). As comunidades e a sociedade da informação: Role of information and Communication Technology in education (em linha) Disponível em: http://web.idrc.ca/en/ev- 11118-201-1-Do Topic.html

Challis, D., Holt, D. M., & Rice, M. (2005). Percepções do pessoal sobre o papel da tecnologia na aprendizagem experimental: Um estudo de caso numa universidade australiana. Australasian Journal of Educational Technology (AJET). Retirado de http://www.ascilite.org.au/ajet/ajet.html

Chitanana, L., Makaza, D., e Madzima, K. (2008). O estado atual do e-learning nas universidades do Zimbabué: Opportunities and challenges. Revista Internacional de Educação e Desenvolvimento com recurso às TIC

Conole, C. (2004), "E-Learning: the hype and the reality", Journal of Interactive Media in Education, Vol. 2004 No. 12, disponível em: www-jime.open.ac.uk/2004/12/conole-2004-12.pdf

Organização para a Educação, a Ciência e a Cultura. http://unesdoc.unesco.org/images/0021/002163/216359E.pdf

Elias,T. (2011), Universal Instructional Design Principles for Mobile Learning thabasca Universidade, Canadá A revisão internacional da investigação em ensino aberto e à distância vol 12 http://www.irrodl.org/index.php/irrodl/article/view/965/1675

Ericsson (2002), From e-Learning to MLearning Projeto da UE disponível em http://learning.ericsson.net/mlearning2/project_one/index.html

Ferreira,J,B,. Klein,A,Z Freitas,A, e Schlemmer,E,. (2013), Mobile Learning: Definition, Uses and Challenges Cutting-edge Technologies in Higher Education, Volume 6), Emerald Group Publishing Limited, pp.47-82 http: // www. emeraldinsi ght. com/books.htm?chapterid=17077010

Herrington, A. e Herrington, J. (2007), Authentic mobile learning in higher education. In: Conferência Internacional de Investigação Educacional AARE 2007, Fremantle, Austrália Ocidental. http://researchrepository.murdoch.edu.au/5413

Hyo-Jeong So, (2012), Série de Documentos de Trabalho da UNESCO sobre Aprendizagem Móvel: Turning on mobile learning in Asia Série de Documentos de Trabalho da UNESCO sobre Aprendizagem Móvel

unesdoc.unesco.org/images/0021/002162/216283E.pdf

Isaacs,S. (2012),Aprendizagem móvel para professores em África e no Médio Oriente: Explorando o potencial das tecnologias móveis para apoiar os professores e melhorar as práticas unesdoc.unesco.org/images/0021/002163/216358e.pdf.

Jara,I,. Claro,M,. e Martinic,R,. (2012), Aprendizagem móvel para professores na América Latina

Série de Documentos de Trabalho da UNESCO sobre Aprendizagem Móvel

http://unesdoc.unesco.org/images/0021/002160/216081E.pdf

Keegan,D. (2005), Mobile Learning: A próxima geração de aprendizagem. Educação à Distância

Internacional http://learning.ericsson.net/mlearning2/files/workpackage5/book.doc

Keegan,D., 2002, The future of learning: From eLearning to mLearning. Forschungsbericht, 6(novembro), p.172 S. Disponível em: http://deposit.fernuni-hagen.de/1920/1/ZP 119.pdf.

Keegan,D. (2002), Mobile Learning: A Practical Guide

http://www.ericsson.com/ericsson/corpinfo/programs/incorporating mobile learning into mainstream education/products/book/introduction.pdf

Keengwe,J. (2013), Pedagogical Applications and Social Effects of Mobile Technology Integration Information Science Reference University of North Dakota, USA http://my.safaribooksonline.com/book/-/9781466629851

Kukulska - Hulme A, Traxler, J. eds 2005. Mobile Learning: A Handbook for Educations and Trainers, Routledge, Londres.

Liew, B. T., You, J. e Kang, M. (2012), User acceptance for mobile learning: A review and future directions.Proceedings of 10th Anniversary International Conference of Hanyang Cyber University. Seul, Coreia

Lugo,M,T, e Schurmann,S,. (2012), Turning on mobile learning in Latin America UNESCO Série de Documentos de Trabalho sobre Aprendizagem Móvel

http://unesdoc.unesco.org/images/0021/002160/216080E.pdf

Mahamad1,S, Ibrahim2,M,N,. e Taib,S,M,. (2010), M-Learning: Um novo paradigma de aprendizagem da matemática na Malásia Revista internacional de ciência da computaçáo e tecnologia da informação (IJCSIT) Vol.2, No.4,

McKinsey & Company. (2012), Transforming Learning Through mEducation [Transformar a aprendizagem através da educação móvel].

http://mckinseyonsociety.com/transforming-learningthrough-meducation

Motiwalla, L. F. (2007). Mobile learning: A framework and evaluation. Computers & Education Journal Volume 49, Número 3, novembro de 2007 http://editlib.org/p/66504/

Mtega, P., Bernard, R., Andrew, C. Sanare, M., e Sanare, R. (2012), Using Mobile Phones for Teaching and Learning Purposes in Higher Learning Institutions: the Case of Sokoine University of Agriculture in Tanzania www.ubuntunet.net/sites/ubuntunet.net/files/mtegaw.pdf

Naismith,L e Corlett,D. (2006),Reflections on Success: A retrospective of the mLearn conference series 2002-2005 Across generations and cultures, Banff, Canada.

Osang,F,B,. Ngole,J, e Tsuma,C,. (2013), Perspectivas e desafios da implementação da aprendizagem móvel na Nigéria: Estudo de caso da Universidade Nacional Aberta da Nigéria (Noun). Conferência Internacional sobre TIC para África 2013, 20 a 23 de fevereiro, Harare, Zimbabué

Osman,M,M,. El-Hussein e Johannes e Cronje,C (2010) Defining Mobile Learning in the Higher Education Landscape www.ifets.info/journals/13_3/3.pdf

O'Hagan,T,. (2012) Mobility in Education:can mobile devices support teaching and learning in South Africa? http://us-cdn.creamermedia.co.za/assets/articles/attachments/44040_11-_t._ohagan.pdf

Peters,K,. (2007), m-Learning: Posicionar os educadores para um futuro móvel e ligado Revisão Internacional da Investigação em Ensino Aberto e à Distância Volume 8, Número 2.

Quinn, C. (2000), M-learning: Mobile, wireless, in-your-pocket learning Learning in the new economy [em linha]. Recuperado de http ://www.linezine.com/2.1/ features/cqmmwiyp. htm

Shih,Y,E e Mills,D (2007), Setting the New Standard with Mobile Computing in Online A revisão internacional da investigação em ensino aberto e à distância, vol. 8 http://www.irrodl.org/index.php/irrodl/article/viewArticle/361/872

Suki,N,M e Suki N,M. (2011), Using Mobile Device for Learning: From Students' Perspetiva da Educação EUA-China A;Jun2011, Edição 1a, http://www.eric.ed.gov/PDFS/ED522204.pdf

Titus,A.,Umoru,C., and Okeke,A,U. (2012), M-Learning in Nigerian Universities: Desafios e Possibilidades Sociedade Internacional de Consciência Global 21ª Conferência Anual - Nova Iorque, maio de 2012

Trucano,M,. Liu,J e Iglesias,J,C,. (2012), Surveying Mobile Learning Around The World (part one)http://blogs.worldbank.org/edutech/unesco-mobile-learning-series?cid=EXT%20WBBlogSocialShare%20D%20EXT

The 2009 ECAR Study of Undergraduate Students and Information Technology (disponível em http://www.educause.edu/Resources/TheECARStudyofUndergraduateStu/187215

Titus,A.,Umoru,C., and Okeke,A,U. (2012), M-Learning in Nigerian Universities: Desafios e Possibilidades Sociedade Internacional de Consciencialização Global 21ª Conferência Anual - Nova Iorque, maio de 2012

UNESCO, (2012).Mobile learning for teachers in Africa and the Middle East: Explorando o potencial das tecnologias móveis para apoiar os professores e melhorar as práticas.unesdoc.unesco.org/images/0021/002163/216358e.pdf.

UNESCO. (2012), Turning on mobile learning in Africa and the Middle East: Iniciativas ilustrativas e implicações políticas. Série de Documentos de Trabalho sobre Aprendizagem Móvel. Nações Unidas

Utulu, C.S, (2012).Utilização de telemóveis para aprendizagem baseada em projectos por estudantes de licenciatura de universidades privadas nigerianas. Revista Internacional de Educação e Desenvolvimento com recurso à Informação, Comunicação e Tecnologia. Vol. 8. No. 1

Utulu S. Alonge Ayodele. 2012. Utilização de telemóveis para a aprendizagem baseada em projectos por estudantes de licenciatura de universidades privadas. Revista Internacional de Educação e Desenvolvimento com recurso às TIC. Vol. 8

Vosloo,S,. (2012), O futuro da educação em África é móvel. Organização das Nações Unidas para a Educação, a Ciência e a Cultura (UNESCO) Paris
http://www.bbc.com/future/story/20120823-what-africa-can-learn-from-phones

Wentzel, B, Amsterdam,V,U,. Lammeren,R,, e Wageningen,c,. (2005), Using mobile technology to enhance students educational experiences
http://net.educause.edu/ir/library/pdf/ers0502/cs/ecs0502.pdf

West,D,M. (2013), Mobile Learning: Transformando a educação, envolvendo os alunos e Melhorar os resultados. Curriculum and leadership journal vol 11www.msu.ac.zw

Printed by Books on Demand GmbH, Norderstedt / Germany